西川信廣・山本智也 編
Nobuhiro Nishikawa & Tomoya Yamamoto

現代社会と教育の構造変容

ナカニシヤ出版

はじめに

　2017（平成29）年3月に告示された学習指導要領は，小学校でのプログラミング教育，5年生からの英語科の導入，特別の教科道徳の設置に加えて，指導方法では主体的・対話的で深い学びを求め，社会に開かれた教育課程の必要性を述べている。それは，今日の社会がITの普及，AIの進歩などに象徴される急速な知識基盤社会へと移行していることに対応したものといわれる。

　知識基盤社会での学びは，ITの利用スキルを身に付けることでもなく，英語に慣れることでもない。大切なことは，社会の変化を正しく認識し，学び続けることができる人格の形成である。学び続けるためには，達成感，成功体験が不可欠である。社会に開かれた教育課程とは，子どもたちが地域の伝統，文化，課題について地域の人々と共に学び，交流し，成長し，地域の人々や保護者も，子どもの成長を自分の成長と感じられる教育課程の構築をいう。

　学校教育でも，義務教育学校の制度化，学校運営協議会の設置努力義務化が法規定され，見える形での改編が進められている。本書は第Ⅰ部では，教育思想の歴史的展開から始まり，学校教育に視点を置きつつ，その現状と改革課題を明らかにしている。第Ⅱ部では，変わる学校，変わる教育と題して，社会構造の変容が学校教育にどのような影響を与え，教育がどのような質的・制度的変容を遂げつつあるかを明らかにしている。

　本書は，2014年4月に上梓した『改訂版学生のための教育学』の内容に，現代社会が要請する教育の構造的変容を軸に，新たに4人の執筆者を加えて修正加筆したものである。本書は，関西在住の研究者による共編著である。それは関西の伝統，文化と課題を共有している研究者ならではの論点の深まりを期待したからである。大学で教職課程を履修する学生にも，現場の教職員にも是非ご一読願いたいと思っている。

　最後に，本書の出版を快くお引き受けいただいたナカニシヤ出版に心より御礼申し上げます。

2018年4月　編　　者

目 次

はじめに　*i*

I　教育の思想と制度

1　西洋教育思想の歴史と展開 …………………………………3
はじめに　3
第1節　ソクラテス―真理の探求と知の開放性―　3
第2節　ルター―封建社会の解体と教育―　5
第3節　コメニウス―教授学の祖―　7
第4節　ルソー―近代的人格の形成―　9
第5節　ペスタロッチ―国民教育としての初等教育改革―　11
第6節　ヘルバルト―体系的近代教育学―　13
第7節　デューイ―進歩主義教育運動―　14
おわりに―西洋教育思想の現代的意義―　16

2　教育制度と教育法規 ……………………………………19
第1節　戦後教育法制の体系　19
第2節　現代社会，教育の変容と教育法制　23
第3節　近年の主要な教育法制の動向　27

3　学校・学級経営の機能と構造 …………………………33
第1節　学校経営・学級経営の実践にあたって　33
第2節　学校経営の機能と構造　36
第3節　学級経営の機能と構造　41

4 子どもの「育ち」を支援するために
　——生徒指導に対人援助の実践理論を活かす—— ……… 46
　第1節　生徒指導における育ちの視点　46
　第2節　問題をどのように捉えるのか
　　　　　——システムズ・アプローチにおける問題観——　49
　第3節　「語り（ナラティブ）」の変容を目指す実践理論
　　　　　——社会構成主義の立場から——　51
　第4節　ソリューション・フォーカスト・アプローチ　54

5 就学前教育の課題と改革 ……………………………… 60
　第1節　就学前教育の課題　60
　第2節　新要領・指針の方向性　62
　第3節　これからの就学前教育　65

6 教員養成制度の課題と改革 …………………………… 72
　はじめに　72
　第1節　戦前日本の教員養成　72
　第2節　戦後の教員養成原則の確立　75
　第3節　戦後の教員養成原則をめぐる議論と改変　77
　第4節　教員養成をめぐる今日の課題　79

7 教育課程・教育方法の変遷と子どもの学力 ………… 85
　第1節　教育課程とは何か　85
　第2節　戦前の教育課程と教育方法　86
　第3節　戦後の教育課程の変遷と教育方法　90
　第4節　何ができる子どもか，を共有すること　98

Ⅱ　現代社会と学校―変わる学校，変わる教育―

8　地域とともにある学校づくりとは何か
　　―コミュニティ・スクールを中心に― ……………103
　　第1節　学校評議員制度，学校運営協議会の制度化　103
　　第2節　コミュニティ・スクールの始まりと現状　106
　　第3節　教職員の任用における学校運営協議会の権能　109
　　第4節　小中一貫教育とコミュニティ・スクール　112
　　第5節　コミュニティ・スクールの課題　115

9　学社連携の現状と課題 ……………………………118
　　第1節　学社連携・融合から地域学校協働活動へ　118
　　第2節　総合型地域スポーツクラブと学校の部活動　123
　　第3節　図書館，博物館，劇場・音楽堂等と学校　124
　　第4節　社会教育ネットワークと学校　128

10　家庭教育支援の方向性 ……………………………133
　　第1節　生存を支える機能としての家庭教育　133
　　第2節　家庭教育の定義とその担い手　134
　　第3節　家庭教育支援の方向性　138

11　危機管理における「学校」の意義
　　―社会構造の変容が学校に与えるインパクト― …………145
　　第1節　学校における危機管理　145
　　第2節　学校だけではできない「学校の危機管理」
　　　　　　―情報発信と連携協力―　154
　　第3節　学校発の防災教育で家庭・地域を結ぶ　155

12 小中一貫教育の意義と可能性 ……………………………164
 第1節　小中一貫教育の現状と展開　164
 第2節　小中一貫教育セカンドステージとしての義務教育学校，小中一
   貫型小・中学校の制度化　171

資　　料　　179

I 教育の思想と制度

西洋教育思想の歴史と展開

はじめに

　教育思想を創った人には，時代の変革期に生きた人が多い。一つの時代を成り立たしめていた政治，経済，宗教，文化といったシステムが機能しなくなり社会秩序は崩壊したが，未だ新たな価値や秩序は生み出されていない。混乱した「今」に立ち向かう中で，次代を担う子どもたちの教育に新たな答えを求める人たちがいた。彼らは何に苦悩し，どんな答えをどのようにして見出したのだろうか。

第1節　ソクラテス─真理の探究と知の開放性─

　古代ギリシアは，同一神のもとで強固に団結し，他集団からの侵略に対する防衛集団でもあるポリスから成る。アテナイはソクラテス (Socrates, B. C. 470-B. C. 399) が生きた時代，ペルシャ戦争を経てデロス同盟の強力な覇者としての繁栄から，30年断続的に行われたペロポネソス戦争による政治的混乱への移行期にあった。混乱のアテナイにあって，失墜したノモス，すなわち法，慣習，規範の権威を復活させるべく人々と対話し，道徳的自覚に目覚めさせようとしたところに教育者としてのソクラテスの姿がある。

(1) 無知の知

　30歳後半，ディルフォイの神託「ソクラテスよりも知恵のある者はない」を受け，自分ほど無知な者はないと思っていたソクラテスは驚き，当時知恵者として評判の高い政治家，悲劇詩人，手工業者らをたずねた。彼らと対話する

中でわかったことは，周囲から称賛され自らも知恵者だと思っている人もわかったつもりになっているだけで，真実の知恵をもっていないということであった。不確実な知識をいくらもっていても賢者とはいえない。自らが無知であることを知っている，すなわち「無知の知」を自覚している点で自分の方が優れているとソクラテスは考えた。「無知の知」は単なる知識の欠如ではない。自らの知識の不確実さを自覚し，切実な知的欠乏感から真理の探究を実践することが「無知の知」である。

(2) 対 話 法

ソクラテスの探究は人々とともにあり，現実の人間の口で語られるロゴス（言葉・理性・法則）から真理を追求する。人と人とのロゴスが交錯しながら対話（ディアロゴス）が展開される。

①反駁的対話（エレンコス）

人間の生き方に関わるテーマが選ばれ，倫理的真理が探究される。対話の中で思い込み（ドクサ）が吟味され，行き詰まり（アポリア）に突き当たる。反駁的対話（エレンコス）である。エレンコスは相手の誤りを厳密に論証するものではない。古東（1998）が示す例をもとに具体的に見ていこう。

①対話の相手が命題A「人生には必然的目的や根拠が欠けていて，むなしい，つまらない」を主張する。

②これに対しソクラテスは相手の誤りを指摘し攻撃するのではなく，別の命題B「目的や根拠が欠けていることは，遊びでは問題にならない。遊びに目的や根拠があれば仕事になってしまい，つまらない」を提示し，同意するか問う。

相手が同意すると新たな命題C「旅も同様。目的も理由もなくブラブラ旅することこそ旅の醍醐味」，D「人生の旅もそうだろう。なにか必然的な目的や使命があればビジネスになり，人生をそれとして楽しみ味わう悦びが否定されてしまう」を投げかける。B，C，Dは自明のことや人間としてのあり方に関わるもので，理屈で否定できても心が否定を許さず，同意せざるをえない。

③相手の同意を得ながら展開されたB，C，Dから，Aとは両立しえない非A「人生には必然的な目的や根拠が欠けているからこそ，人生は悦ばしく，愉しいといってよいだろう」が導き出され，これにも相手は同意せざるをえない。

④相手はAも非Aも認めることとなり，もともとの命題Aとの矛盾に追い込まれる。Aが必ずしも正しいわけではないことが示される。

　エレンコスはアポリアに追い込むこと自体を目的とするのではない。自らの論を考え直すきっかけをつくり，Aか非Aかという二元論的思考（ディコトミア）を離れ，Aも非Aものみ込む新たな地平を切り拓くことへ導く。知の不確実性を示すとともに知の開放性を示している。

②産婆術

　召使の少年とソクラテスの対話がある。少年は幾何学をまったく学んだことがないのだが，ソクラテスの問いに導かれてピュタゴラスの定理を見出していく。その際ソクラテスは少年に，思い込みに惑わされることなく自分が考えたことだけを言えと迫る。探究は想起（アナムネーシス）であるという。人間の魂は不滅であり，幾度となく生まれかわるうちにあらゆることを学び知っているのだが忘れてしまっている。想起とは自らの根底にあるものを思い起こすことであり，自分自身を知ることといえる。ソクラテスの対話法は自らの内なる真理の発見を促すものであり，妊婦が体内に懐胎している嬰児を産婆の助けによって産むことになぞらえて「産婆術」といわれる。

　「無知の知者」であるソクラテスの対話法の根底には人間への信頼，ロゴスへの信頼，真理への信頼がある。ロゴスをもつ唯一の動物である人間は自ら真理を探究しうるという確信に基づいているのである。ソクラテスの問いは真理の探究を援助する教育作用をもち，ソクラテスの対話法は教育現象そのものといえよう。

第2節　ルター──封建社会の解体と教育──

　ルター（M. Luther, 1483-1546）が生きた時代は中世から近世への転換期であった。トルコの襲撃，教会・修道院の没落と堕落があり，封建社会の解体が進んでいた。1517年の「95箇条の提題」が宗教改革の扉を開き，宗教改革は人々を中世から解放し近代を準備したといわれる。500年後の今，彼が残したものを改めて考え直してみたい。

(1) 信　仰

　ルターははじめ法律を学んだが，落雷にあい死の恐怖から宗教的救済を求め修道士となった。激しい苦行を自らに課すが神に受け入れられた確信がもてず，内的葛藤を深めていった。苦行に励めば励むほど罪の意識に苛まれ，人間の行いと神の救済との苦闘の日々を送った。大学教授となったルターは聖書の講義を行いながらも「神の義」すなわち神の正しさについて問い続けるが，答えが得られない。「神の義」を「怒り」「裁き」「罰」と結び付けて捉えていたルターだったが，ある日修道院の塔の小部屋でイエス・キリストを介して「神の義」が「救い」と結びつくという認識を得た。自らの罪深さを自覚し，すべてを神の手に委ねる。救いは人間の行いや理性によらず信仰においてのみ得られることをルターは確信した。

　教会では民衆の心を救うために「悔悛の秘跡」が行われていた。自らの罪を神父に懺悔し赦免を受けると，断食や施しなどの償いが課せられた。キリストと聖者の功徳によって教会がこの償いを免除するのが贖宥であり，次第に形式化され，教会の財源確保のために免罪符が乱発されるようになった。これは「信仰のみによる義認」を主張するルターには受け入れられないことであった。1517年，ヴィッテンベルクの城教会の壁に『贖宥の効力を明らかにするための討論』，いわゆる「95箇条の提題」が張り出された。「95箇条の提題」は神学論争を提起するものであったがいち早くドイツ語訳され，免罪符販売によるローマ教会のドイツ搾取，教会の腐敗への民衆の憤りに火をつけ，宗教改革の契機となった。

(2) 言　葉

　旧約聖書はヘブライ語で，新約聖書はギリシア語で書かれたが，4世紀にヒエロニムスによってラテン語に翻訳されている。ラテン語はキリスト教会の共通言語であり，礼拝もミサもすべてラテン語で行われていた。ラテン語を理解できない民衆は神父がなにを唱えているのかもわからず，神に近づくことができたのは神父のドイツ語での説教を通してだけであった。

　教皇から破門をされたルターに対し，1521年ヴォルムスの国会は帝国追放処分とした。しかしザクセンの選帝侯フリードリヒがヴァルトブルク城に匿い，

ここでルターは聖書のドイツ語訳を行った。翌年，ドイツ語の新約聖書『9月聖書』が出版されている。ヴィッテンベルグに戻ったルターは，民衆に直接聖書の言葉を伝えるため，説教を行うとともにドイツ語での文筆活動に力を注ぐ。50年前に発明された活版印刷技術の定着に伴いルターの著作は数多く出版され，民衆のなかに広がっていった。カトリック教会を介しての信仰から，神の言葉に直接触れることによって自ら神の前に立つ信仰への転換が生じた。

(3) 学　　校

　学校を支えていた教会と修道院の没落によって学校教育は衰退していた。また商工業の発達に伴い，親たちは自分の子どもを学校に通わせ聖職者にすることに意欲を失っていた。ルターはこうした状況を憂い，1520年『キリスト教界の改善に関してドイツのキリスト者貴族に与える書』で大学教育の改革を，1524年『ドイツ全市の参事会員にあてて，キリスト教的学校を設立し，維持すべきこと』で都市政府による「キリスト教的学校」の整備を提言した。1530年『人々は子どもを学校にやるべきであるという説教』では，親たちに子どもを学校に行かせる義務があることを説いた。

　ルターは，地上の平和を保つには信仰深い誠実な学識のある人々が必要であるという。真のキリスト教社会の維持には正しい聖職者と，世俗的社会を維持し庶民の生命と財産の保護を行う官吏を養成しなければならないとする。大学教育で聖書を重視することとともに，十分訓練された能力のある子どもが高等教育で学べるよう初等教育の整備も訴えた。彼が提言する「キリスト教的学校」は歴史，音楽，数学だけでなく，真のキリスト者になるよう神の言葉である聖書と聖書を直接理解するため語学を教える学校であった。具体的な教育方法として，キリスト教信仰を支える十戒，使徒信条，主の祈り，礼典などを解説した『大教理問答書』を1529年に著している。それを簡略化した『小教理問答集』はキリスト教教理へと導くテキストとして広く使われた。

第3節　コメニウス─教授学の祖─

　中世ヨーロッパにおいて教育は，キリスト教社会を維持するためのものであ

り，聖職者養成のための本山学校と修道院学校を中心に行われていた。そこではキリスト教世界の共通言語としてのラテン語の習得が大きな位置を占めていた。これに対し一人ひとりが神と直接向き合うことに信仰のあり方を求めた宗教改革以降，聖書の母国語訳が各国で進められるとともに，聖書を熟読しうる力が民衆に求められるようになる。書き言葉は日常生活の中で自然に習得される話し言葉とは異なり，意図的な教育なしには習得できない。誰もが母国語の読み書き能力を習得できるようにする教授学が要請された。

(1) 祖国の解放とキリスト教世界の再建としての教育

コメニウス（J. A. Comenius, 1592-1670）は，チェコ中部モラヴィアにフス派ボヘミヤ同胞教団の熱心な信者の父の子として生まれ，牧師となった。30年戦争に巻き込まれ，ボヘミヤ商業貴族ハプスブルク家による抑圧，神聖ローマ帝国のカトリック強化策から逃れるため，1625年ポーランドのリッサに亡命した。リッサではギムナジウムの教師を務め，ラテン語と母国語を対照して学ぶ教科書『開かれた言語の扉』（1631年），教授法研究の成果『教授学』（1632年）を執筆している。

その後，再度亡命を余儀なくされ，イギリス，オランダ，スウェーデン，プロイセンなど各国に滞在し，学者との交流，スウェーデン王室の支援などを受けた。1648年，ウェストファリア条約によって30年戦争は終結したが，チェコの独立は認められなかった。長い漂泊の後リッサに戻ったコメニウスは，祖国の解放とキリスト教世界の再建を次の時代を担う青少年の育成に託し，学校建設や新しい教授法の探究に専心した。

(2) 汎知学を基盤とする教授学の改革

『教授学』ははじめチェコ語で書かれたが日の目を見ず，1639年にラテン語に訳された。実際に出版されたのは，1657年『コメニウス教授学全集』の一部，「大教授学」としてであった。

『大教授学』は「あらゆる人にあらゆることを教授するための普遍的な技法を提示する」という副題が付けられており，彼の教授学は汎知学を基礎に据えたものである。この世の雑多なことは有機的に連関しており，神の秩序によっ

て配されているという。この秩序に則れば「あらゆること」を学ぶことは可能であり、「あらゆること」を学ぶのは神の秩序を知ることであるとする考えがコメニウスの教授学の根底にある。

(3) 視覚に訴える教科書

初学者の教科書として、1658年に『世界図絵』が出された。『世界図絵』は絵と文字から成り、「神」から始まり「最後の審判」にいたる150項目にわたり、具体的事物から抽象的な概念まで世界のあらゆることが示されている。頁の上段はそれぞれの項目を表す絵で、下段は文字による解説である。絵にはその項目を構成する事物が細かく描かれ、その一つひとつに番号がふられている。番号に対応する形で、個々の事物の名前も解説の中に記されている。こうしたコメニウスの絵と文字を結び付ける学びは、近代教育に受け継がれていく。

第4節　ルソー──近代的人格の形成──

ルネッサンスは中世の神中心の文化から人間中心の文化への転換点であり、人間の内なる自然の開放を求めた。

人間は自然状態では自らの生存を守るために行動し、自己保存欲求に従って自然権を行使する。個々人の欲求は時としてぶつかり、ホッブスの言う「万人による戦争状態」をもたらす。ルソー（Rousseau, 1712-1778）は、こうした戦争状態を回避するため、動物の自己保存欲求とは異なる人間独自のあり方を模索した。人間の不平等の根源を『人間不平等起源論』（1755年）で問い、自由で平等な個人から成る社会を『社会契約論』（1762年）において展開すると同時に、新たな社会を構成する人間の育成を『エミール』（1762年）に示した。ルソーは新たな社会の構築を近代的人格の形成に求めた。

(1) 子どもの発見

ルソーは、子どもには固有の活動があり、子ども時代をかけがえのない時代とする。大人になるために子ども時代を犠牲にする教育のあり方は、子どもの幸福を奪うものであると考えている。子どもの固有性を示し、子ども時代なら

ではの幸福に着目したルソーは「子どもの発見者」と呼ばれ，彼の教育小説『エミール』は「子どもの聖書」といわれている。

『エミール』は子どもが成長していく過程を，1期：誕生から話し始めるまで，2期：12, 3歳まで，3期：15歳まで，4期：20歳まで，5期：結婚までの5期に分け，それぞれに固有の課題と学習原理を展開している。

(2) 自然の教育

『エミール』の冒頭でルソーは，「創造主の手を離れるとき全てのものは良いものであるが，人間の手に渡ると全ては悪くなる」とのべている。人間は根源的に善であり自然の秩序のもとではみな平等であると主張し，自然の法則に沿った教育を提唱する。

当時の乳幼児の衣服や育児法は子どもの活動を制限するばかりか身体の成長を阻み，時には命さえも脅かす危険性があるとルソーは述べている。さらにマナーの習得と称し，子どものさまざまな行動に制限を設けることは，人格形成のうえで問題があることを指摘する。子どもの自然な欲求を満たし心身の自由な活動を確保することに，ルソーは大きな意味を見出している。しかし，それはわがままや気まぐれを許すことではなく，泣き声や身振りを観察しその意図を見抜き，子どもが大人を自分に仕えさせたり，命令したりすることにならないよう注意を喚起している。

(3) 消極的教育

子どもたちはさまざまな経験から多くのことを学ぶ。ルソーは，子どもが自ら学べることを大人が手を加え教えることは，教育上の衒学的な妄想であるとする。たとえば，けがをして痛い思いをすることでさえ，人生においては大切であるという。けがをしないように注意しすぎることは成長の基礎となる感覚の発達を阻むことであり，子どもの成長を妨げる。大人の関与をできるだけ排除し，子どもの学ぶ力を大きく評価するルソーの教育は，「消極的教育」と呼ばれる。

また，幸福とは欲望と能力のバランスのとれた状態であり，能力を超えた学習は逆効果となるという。こうした観点から，知的教育を早期から始めること

を否定する。文字を媒介とする教育は幼児期には適切ではなく，青年期にこそふさわしい。青年期は情念をコントロールし理性を養うことが課題となり，読書によって広く知識を得ることは情念を人間愛へと昇華させることに有効であると考えるからである。

　「自然人」を理想とするルソーの教育は，発達課題を感覚，感覚的理性，知的理性と系統的に捉え，発達段階それぞれを充実させることによって真の人間，真の市民の育成を目指すものといえよう。

第5節　ペスタロッチ―国民教育としての初等教育改革―

　18世紀以降，庶民教育は大きな転換点を迎える。近代市民社会の形成に伴い，「国民」の育成が求められた。これまで教会中心に慈善活動として行われていた庶民教育と，国民教育は量的質的に異なる。伝統的な庶民教育では新たな国家課題としての初等教育に対応できず，新たなシステム，方法，教材が要請された。

(1) ルソーの実践的継承者としてのペスタロッチ

　自由で平等な個人が相互に結び付く社会を構想したルソーの理念はさまざまな人に受け継がれ，フランス革命の礎を築くこととなる。ペスタロッチ（J. A. Pestalozzi, 1746-1827）の生きた時代は，近代市民社会の胎動期，揺籃期に当たる。彼ははじめ牧師を志したが，ルソーの著作の影響を受け政治改革に関心をもち，社会活動に入っていった。

　ペスタロッチにおいてルソーの自然主義は，農業改良活動としてのノイホーフでの農場経営，子どもの内なる自然としての喜びや興味を重視する教育法として展開された。また，ペスタロッチはルソーの理念を貧民救済施設や孤児院で実践し，実践的見地から新たな局面を切り開いていった。

(2) 初等教育改革の方法原理としての直観教授

　スイス革命の結果樹立したヘルヴェチア共和国（1798-1803）は国民学校教育に着手した。ペスタロッチはその内的整備を託され，メトーデ（Methode）

を生み出す。メトーデは，コメニウスに始まる直観教授を初等教育の方法原理として発展的に展開したものである。ペスタロッチによると，人間の理性は感覚的に受け止めた印象を表象のうちで統一体として，すなわち一つの概念として捉える。曖昧な直観から明確な直観，明瞭な表象，明瞭な概念へと移行していくというのである。こうした感覚から理性への発達を支える教育方法の開発として，まず認識を「形」「数」「語」の要素に分解する。この単純な構成要素から，知覚が捉える事物の像としての表象を認識法則に即して再構築する方法的筋道がメトーデである。

メトーデは，事物を捉える知的学習に限定された方法原理ではない。知的直観教授にはじまり，技術的直観教授，道徳的直観教授へと展開していく。

(3) 生活が陶冶する

ペスタロッチの直観教授は国家課題として初等教育の整備を迫られていた各国に広まっていったが，知的陶冶の技術的部分のみが注目された。メトーデは認識を要素に分化し直観を要素に還元することによって生活の現実から遊離し，人間教育の中心として道徳・宗教教育を重要視するペスタロッチの構想から遠ざかっていった。

これに対し，ノイホーフ以来の教育活動の根底に存していた貧民救済や生活教育の意味を問い直す動きがペスタロッチの学校内部から生まれた。初期の著作『リーンハルトとゲルトルート』で展開された「居間の教育」，すなわち父や母から愛され信頼され，道徳の基礎や生活に必要な知識と技術が伝えられていくことに再び光が当てられた。こうした家庭生活の基礎的陶冶力が，晩年の著作『白鳥の歌』(1826年)で「生活が陶冶する」という原理として展開された。

(4) 国際的なペスタロッチ運動

国民教育制度樹立の時代をリードするものとなったペスタロッチの学校には，ヨーロッパ各地から参観者が訪れた。ブルクドルフの学校には若き日のヘルバルトが訪れ，大きな影響を受けている。メトーデを改良し「基礎陶冶の理念」として具体化したイヴェルドンの学校には，1805年と1808年に後に幼稚

園を創設するフレーベルが，1818年には自らが経営する工場内に保育所を開くオウエンが訪れている。

日本におけるペスタロッチ運動は，1879年アメリカから帰国した井沢修二らによって東京師範学校を中心に「開発主義」として展開された。

第6節　ヘルバルト―体系的近代教育学―

18世紀後半から19世紀初め，初等教育の整備は近代国家建設に不可欠なものとしてより鮮明に浮かび上がってくる。国家の制度として学校教育が整備される一方，その動きを支える科学としての教育学の成立が新たな課題として生じてきた。

(1) 理論的な教育学の体系化

ヘルバルト（J. F. Herbart, 1776-1841）はギムナジウム時代からカントの影響を強く受け，安定した国家は道徳的に育成された国民から成るとする国家観をもっていた。大学では，後に連続演説「ドイツ国民に告げる」（1807-08年）を行い国民教育の必要性を説くフィヒテに学び，ヘルダー，ゲーテ，シェリング，シラーらの哲学を考究した。これらの先行哲学に対しヘルバルトは，観念論哲学によって人間の発達や成長は把握できないと批判的立場をとる。

家庭教師として教育実践に携わった後，1799年にペスタロッチのブルクドルフの学校を訪れ，その理論と実践に学んでいる。その後，ゲッチンゲン大学で哲学・倫理学・教育学を講じ，ケーニヒスベルグ大学ではカントの後継者として哲学，教育学を講義するとともに，教育研究所を設立して実践的研究を行っている。実践を視野に入れつつも個別の教育論にとどまらない教育理論の一般化，科学化をヘルバルトは目指した。具体的には，教育の目的を実践哲学としての倫理学に求め，方法論として心理学に基づく近代科学としての教育学を打ち立てようとした。

(2) 教授の一般化，方法化

ヘルバルトは『一般教育学』（1806年）において，道徳性の陶冶を目的とす

る教育論を展開している。教育活動は教授，管理，訓育からなるという。教授は教材を媒介とするが，管理と訓育は子どもの心情に直接働きかける。管理は教授を成り立たせるために子どもの心情を秩序づけることであり，訓育は教授によって得られたものを道徳的判断力に高めるために行われる。管理を前提とし，教授と訓育を両輪とすることによって教育活動は進行する。教授の基本的過程は，子どもの認識過程に対応する次の4段階から成るとする。
　①「明瞭」　対象に専心することによって，明瞭な表象を得る。
　②「比較」　専心を他へ移すことによって，表象を比較させる。
　③「系統」　結び付けられた表象を秩序づける。
　④「方法」　秩序づけられた表象を他の関係に発展的に応用する。
これは時間の流れに従って授業を系統づけ，方法化するものである。

　ヘルバルトの教授の基本過程はツィラーらヘルバルト派によって技術的に方法化され，「予備」・「提示」・「比較」・「総括」・「応用」の5段階へと発展していく。

第7節　デューイ―進歩主義教育運動―

　19世紀末から20世紀初めにかけて児童中心の教育思潮が生まれ，「新教育」運動が起こる。さまざまな論が展開され，多様な実践が行われた。ここでは，プラグマティズム哲学の立場に立ち教育の本質論から教授論にわたる体系的な教育論を展開したデューイ（J. Dewey, 1859–1952）について見ていく。

(1) 子どもが学校の中心

　デューイは1896年に，これまでの教師や教科書が中心であった学校に対する「コペルニクス的変革」として，子どもを中心とする「実験学校」をシカゴ大学に開設した。学校制度を社会生活の一部と捉え，社会的環境と学校施設を対応させた学校である。デューイの学校では，経験をもとに抽象的な事実が示される。日常的経験は作業室や実験室で行われる「しごと」（occupation）によって新たな光が当てられ，知的コミュニケーションを通して再構成される。知的活動は，単に子どもの衝動や欲求を満足させるためや知識を蓄積するため

に行われるのではない。デューイの子ども中心の学校では，子どもの学校外での経験をもとに学習活動が組織され，学習活動で得たものが子どもの日常生活に戻される重層的な学びが目指された。

(2) 経験と教育

　経験と教育は密接に関連しているが，全ての経験が教育的というわけではない。適切な教育方法と教材の組織化を提供する首尾一貫した経験が教育的なものであり，そこには2つの原理があるとデューイはいう。

　子どもは独自の衝動や欲求をもっており，日常生活での経験は観察と記憶との結合を通して学習活動へ結び付けられる。その過程で経験は再構成され，さらなる学習の出発点を提供する。新しい環境を切り開く一連の活動が，経験の連鎖の原理である。

　2つ目の原理は相互作用である。学習活動を導く目的は外から決められるものではない。子どもの衝動や欲求が学習の出発点であるが，経験領域を拡大するためには観察と判断を刺激し新しい問いに導く事物を提示する教師の働きかけが必要である。学習は学習者と教師の協同事業ということができる。

(3) 教育と社会

　人類は集団で生活することによって社会を形成し，経験を共有することによって歴史を築いてきた。社会が複雑化し文化が高度化するに従い文字による伝達と蓄積が行われるようになり，教えることに特化した「学校」が出現する。しかし書物を通してのみ教育が行われるとき，学校は外の環境がもつ教育的機能から切り離され，機能不全を起こす。学校が教育的機能を発揮するのは社会生活と密接に相互作用を行い，学校自体が小型の共同社会になったときである。

　さまざまな社会形態の中で民主主義は外的権威による統制を拒否し，自由な意見交換と協議による合意形成を基盤におく。民主主義は個々人の多様な性向や関心を結び付ける共同的経験の一様式ということができる。多様性は進歩と発展を生む土壌であり，次の世代を育成する教育において保証されるべきものである。民主主義は教育を保証する条件であるとともに，教育は民主主義を守り充実させていく役割をもつというのがデューイの主張するところである。

おわりに―西洋教育思想の現代的意義―

　西洋教育思想は今日の学校教育，教育改革にどのような意味をもつのだろうか。ルターを例に考えてみよう。彼は，歴史の方向性として異なるベクトルから捉えられることがある。中世的なものを温存したという指摘と，近代を準備したとする指摘である。相反する視点で捉えられるルターから，われわれは何を受け取り，何を自らに重ね合わせることができるのだろうか。

　ルターは「信仰のみによる義認」に生きる宗教的存在として人間を捉え，真のキリスト者を育成するため地方自治体による義務教育の整備を提言した。またルターは世俗的労働を評価しており，職業的使命，禁欲はマックス・ウエーバーが指摘するように資本主義社会を支える近代的人格の先駆けとなった。われわれは公教育の下に育ち，職業を通して社会を支えながら生きている。一方で，近代人としてのわれわれは，さまざまな問題を抱えている。教育に限定していうならば，本来人間を守り育てるべき教育が機能不全を起こし人間を追い詰め，時には死に至らしめることさえ起こっている。また日本の子どもたちは自己肯定感が低いという国際比較調査での指摘もある。

　こうした問題の背景には，合理的自立的存在としての近代的人間観がある。人間のあり方や教育のあり方が問われている今日，ルターに立ち返ることは，問題の所在を明らかにする点で意義深い。人間の行いによる義認と戦い，自ら神の前に立つ自立した信仰を唱えたルターは，業績主義や功利主義とは大きく隔たったところに立っていたといえる。彼が提言した学校ではどのような人間をどのように形成しようとしたのか，時代の枠と宗教の枠を超えて人間の問題として見ていくとき，過去に立ち戻るのでなく未来志向的に今という時代の課題を解く手掛かりが見出せるのではないだろうか。

参考文献
―通史―
梅根悟監修　1977 年　『世界教育史体系』　講談社
長尾十三二　1978 年　『西洋教育史』　東京大学出版会

渡辺晶・木下法也・江藤恭二編　1975 年　『西洋教育史』　学文社刊
松島鈞ら編　1981-82 年　『現代に生きる教育思想』全 8 巻　ぎょうせい
滝内大三　1991 年　『西洋人間形成史』　晃洋書房
乙訓稔　2009 年　『西洋近代幼児教育思想史』　東信堂
江藤恭二監修　2008 年　『新版　子どもの教育の歴史』　名古屋大学出版会
今井康雄編　2009 年　『教育思想史』　有斐閣

―ソクラテス―
稲富栄次郎　1973 年　『ソクラテスの教育的弁証法』　福村出版
岩田靖夫　1995 年　『ソクラテス』　勁草書房社
古東哲明　1998 年　『近代思想としてのギリシア哲学』　講談社
プラトン　藤沢令夫訳　1999 年　『メノン』　岩波書店

―ルター―
『ルター著作集　第 1 集』　1963 年　聖文舎
　『キリスト教界の改善に関してドイツのキリスト者貴族に与える書』（第 2 巻）印具徹訳
　『ドイツ全市の参事会員にあてて，キリスト教的学校を設立し，維持すべきこと』（第 5 巻）徳善義和訳
　『大教理問答書』（第 8 巻）福山四郎訳
　『手引き書　小教理問答書』（第 8 巻）内海季秋訳
　『人々は子どもを学校にやるべきであるという説教』（第 9 巻）徳善義和訳
金子晴勇　2006 年　『教育改革者ルター』　教文館
小牧治・泉谷周三郎　2015 年　『ルター』　清水書房
徳善義和　2016 年　『マルティン・ルター』　岩波書店

―コメニウス―
コメニウス　井ノ口淳三訳　1988 年　『世界図絵』　ミネルヴァ書房

―ルソー―
『ルソー全集』　1978-80 年　白水社
　『人間不平等起源論』（第 4 巻）　原好男訳
　『社会契約論』（第 5 巻）　作田啓一訳
　『エミール』（第 6 巻・第 7 巻）　樋口勤一訳

―ペスタロッチ―
『ペスタロッチー全集』　1974 年　平凡社
　『リーンハルトとゲルトルート』（第 2 巻・第 3 巻）　松田義哲訳

『ゲルトルートはいかにしてその子を教うるか』（第8巻）　長田新訳
『メトーデ』（第8巻）　長田新訳
『白鳥の歌』（第12巻）　佐藤正夫訳

―ヘルバルト―
ヘルバルト　是常正美訳　1978年　『一般教授学』　玉川大学出版部
ヘルバルト　是常正美監修訳　1982年　『ペスタロッチーの直観のABCの理念』　玉川大学出版部

―デューイ―
『デューイ＝ミード著作集』　2000年　人間の科学社
　『学校と社会』（『同著作集』7）　河村望訳
　『民主主義と教育』（『同著作集』9）　河村望訳
田浦武雄　1984年　『デューイとその時代』　玉川大学出版部

2 教育制度と教育法規

第1節　戦後教育法制の体系

(1) 教育を受ける権利

　教育を受ける権利は日本国憲法によって保障された国民の基本的な権利である。その第26条は次のように規定されている。

第二十六条　すべて国民は，法律の定めるところにより，その能力に応じて，ひとしく教育を受ける権利を有する。

　② すべて国民は，法律の定めるところにより，その保護する子女に普通教育を受けさせる義務を負ふ。義務教育は，これを無償とする。

　この憲法によって，戦前までの義務としての教育から権利としての教育へと大きく転換されるとともに，後述するように，教育における立法でも勅令主義が廃止され，法律主義が確立されることになった。

　教育を受ける権利の主体は，条文でも明記されている通り「国民」であり，したがって，ここでいう「教育」とは，子どもや青年を対象とした学校教育に限定されず，社会教育もまた，教育を受ける権利の保障の範囲に含まれる。

　また，教育を受ける権利は，憲法第25条第1項で「すべて国民は，健康で文化的な最低限度の生活を営む権利を有する」と規定される生存権の文化的側面を保障するものとして解される。さらに，国家に対して合理的な教育制度と適切な教育の場の保障を要求する社会権（国家に対し積極的な配慮を求めることができる権利）に属する権利としても位置づくとされている（佐藤，1983；芦部・高橋，2002）。

　そして，教育を受ける権利は現在，「教育を受ける」という受動的な権利で

はなく，すべての国民が自ら主体的に学習をする権利，すなわち，学習権として提起されている。たとえば判例では，国民各自は，一個の人間，また一市民として成長，発達し，自己の人格を完成，実現するために必要な学習をする固有の権利を有し，そして子どもも，「その学習要求を充足するための教育を自己に施すことを大人一般に対して要求する権利を有するとの観念」が憲法第26条の規定の背後に存在しているとして，ここで「教育を受ける権利」は「学習する権利」として判示されている[1]。

戦後日本がスタートした時期だけでなく，社会・経済的な不平等や格差の拡大が指摘される現代社会においても，すべての国民に教育を受ける権利を実質的に保障すること（教育の機会均等）の重要性はますます高まっている。このためには，次の3つの原理のもとで教育制度が構築されることが求められる。

まず，子どもの教育を受ける権利を保障するために，国家，国民（保護者など）などに課される義務性の原理である。先述の憲法第26条第2項で規定される普通教育は学校教育法で9年間とされ（第16条），子どもを小・中学校などに就学させる義務が保護者に課されている（第17条）。また，市町村には小・中学校の設置（第38条と第49条），都道府県には特別支援学校の設置（第80条）などを義務づけている。さらに，「義務」でありながらも経済的な理由で就学が困難な家庭に配慮し，児童・生徒への奨学措置もまた国，地方公共団体の義務とされている（教育基本法第4条）。

次に，教育を受ける権利を経済的な側面で保障するための無償性である。先の憲法第26条第2項により国・公立の義務教育諸学校では授業料を徴収していない（教育基本法第5条）。さらに，「義務教育諸学校の教科用図書の無償に関する法律」（1962年）によって義務教育諸学校の教科書は無償である。もっとも，義務教育での無償の範囲を授業料や教科書だけでなく，他の費用（給食費や修学旅行費，学用品費，教材費など）にも拡大すべきとの議論は今日まで続いている。近年では，義務教育だけでなく，進学率がおよそ98％に達した高等学校でも，2010年に公立高校で授業料全額免除，国・私立高校でも就学支援金の助成が規定された。これは，2013年に国・公・私立ともに就学支援

---

1) 1976年5月21日，旭川学力テスト事件最高裁判決から，『判例時報』第814号，33，40-42頁。

金制度に一本化され，また，所得制限が設けられることで捻出された財源で低所得世帯への支援の拡充が図られている。

　最後が，保障される教育の中立性の原理である。教育は，子どもの人格形成の自由と真理の追究を保障する営みであるため，教育の内容が特定のイデオロギーを教え込むことであってはならない。これには，まず政治的中立性と宗教的中立性がある。教育基本法では，教育において特定の党派や宗派に偏った政治教育，宗教教育を行うことを禁止している（第14条，第15条）。そして教育行政の中立性がある。教育基本法第16条では教育が「不当な支配」に服することなく行われるべきとし，教育の政治的，宗教的中立性を侵すような団体による教育への介入の禁止は当然であるが，公権力，教育行政機関自身の行為もまた「不当な支配」に当たらないよう配慮することが求められている。

(2) 法律主義と教育法規の体系

　戦前の大日本帝国憲法では，教育財政等に関する法律を除き，教育行政の基本となる官制は帝国議会で決定されていたのではなく，天皇の命令によって定めるという勅令主義であった。教育の根本理念は「教育勅語」で示され，そして教育官制とその制度が勅令によって整備される形で教育が展開されていた。

　だが，戦後になるとこれまでの教育体制は全面的に改められ，戦後の教育は，国会での立法過程を通じて法律によって規定されることになる。この法律主義への転換は，戦前の天皇から戦後の国民への主権の転換を意味している。つまり，日本国憲法第26条第1項に示すように，国民は「法律の定めるところにより」教育を受ける権利を有し，そこでの「教育」は，主権者である国民の意思を反映した法律によって決定されるのである。そして，この法律主義には，法律に従って教育行政を行うことで，教育行政が恣意的，権力的に行われるのを防ぐという目的もある。したがって，教育行政が従うべき法律は，不当な内容のもの，あるいは，教育を受ける者や行う者の権利や権限を侵害するようなものであってはならない。

　次に，特に初等・中等教育における主要な教育法規を分類して以下に列挙する（堀内・小松，1987）。なお，近年に制定された主な教育法規については次節で取り上げる。

①教育の基本に関する法規（教育法制の根幹を規定する法規）
　日本国憲法，教育基本法
②教育実体に関する法規（教育の具体的な営みに直接関わる法規）
　○学校教育関係法規
　　・学校制度，学校教育
　　　　学校教育法，国立大学法人法，義務教育諸学校における教育の政治的中立の確保に関する臨時措置法，公立義務教育諸学校の学級編制及び教職員定数の標準に関する法律など
　　・教科書
　　　　義務教育諸学校の教科用図書の無償に関する法律，教科書の発行に関する臨時措置法など
　　・学校保健・学校給食
　　　　学校保健安全法，学校給食法，独立行政法人日本スポーツ振興センター法，食育基本法など
　　・私立学校
　　　　私立学校法など
　○社会教育・生涯学習関係法規
　　　社会教育法，図書館法，博物館法，スポーツ振興法，生涯学習の振興のための施策の推進体制等の整備に関する法律など
　○学術・文化関係法規
　　　日本学術会議法，独立行政法人日本学術振興会法，文化財保護法，著作権法など
③教育環境の整備に関する法規（教育の営みに必要な環境整備に関わる法規）
　○教育奨励関係法規
　　　就学困難な児童及び生徒に係る就学奨励についての国の援助に関する法律，特別支援学校への就学奨励に関する法律，理科教育振興法，産業教育振興法，へき地教育振興法，独立行政法人日本学生支援機構法など
　○教職員関係法規
　　　教育公務員特例法，学校教育の水準の維持向上のための義務教育諸学

校の教育職員の人材確保に関する特別措置法，教育職員免許法，公立
　　の義務教育諸学校等の教育職員の給与等に関する特別措置法など
　○教育行政関係法規
　　地方教育行政の組織及び運営に関する法律，文部科学省設置法など
　○教育財政関係法規
　　義務教育費国庫負担法，市町村立学校職員給与負担法，義務教育諸学
　　校等の施設費の国庫負担等に関する法律，私立学校振興助成法など
④教育に関連する法規（その他の子どもの教育権保障に関わる法規）
　○教育に関連する福祉関係法規
　　児童福祉法，児童虐待の防止等に関する法律，児童買春・児童ポルノ
　　に係る行為等の処罰及び児童の保護等に関する法律，少年法，生活保
　　護法など
　○教育諸法規に関わる一般領域を規定した法規
　　国家行政組織法，地方自治法，地方財政法，地方交付税法，地方公務
　　員法，労働基準法，労働組合法，行政機関の保有する情報の公開に関
　　する法律，地方独立行政法人法など

第2節　現代社会，教育の変容と教育法制

(1) 現代社会，教育の変容と教育改革

　1990年代以降，日本の国内と国外の双方において戦後日本のこれまでの歩みを大きく変貌させる状況が現出してきた。まず，国際情勢においては冷戦構造が終焉を迎えるとともに経済，産業のグローバル化が急速に進行していった。日本国内でも，自民党中心の55年体制の終焉とその後今日まで続く連立政権の展開，そして経済不況の深刻化と国家・地方財政の逼迫状況，さらには少子高齢化社会，情報化社会の到来がもたらされている。

　そして，学校を取り巻く状況も変容してきた。都市化や過疎化の進行，地域社会のつながりの希薄化，家族形態の変容，価値観やライフスタイルの多様化などを背景として，地域，家庭の教育力の低下が問題となってきた。「地域で子どもを育てる」という考え方が次第に失われてきたとの指摘も多い。また，

学校が抱える課題も複雑化している。いじめや暴力行為などの問題行動の発生，子どもたちの規範意識の低下，さらには不登校児童生徒数，特別な支援を要する児童生徒数，日本語指導が必要な外国人児童生徒数の増加など，さまざまな児童生徒への対応が必要な状況となってきた。この中で，学校は家庭，地域社会との連携・協働を通じて子どもたちを育成することもまた重要な課題となっている。

こうした戦後日本社会の急激な変容に対応する形で国あるいは地方公共団体による行財政改革，そしてこれと並行して教育の領域では教育改革が今日まで展開されてきた。この時期の国の教育政策を特徴づける概念として新自由主義，新保守主義という言葉がしばしば用いられている。教育政策では，新自由主義は規制緩和，選択の自由，競争原理の導入といった流れを指して，新保守主義は特に愛国心・教科書・ジェンダー・子どもの権利問題などをめぐって個人の権利主張を批判的に捉えて国家的統合を強調する形で，それぞれ使用されてきたという（市川他，2017）。

教育改革を含めたこうした一連の行財政改革は具体的には地方分権，規制緩和，情報公開，参加という4つの軸で展開されており，これらは現在の改革の特質といえる。教育改革においても，1998年の中央教育審議会答申（以下，中教審）「今後の地方教育行政の在り方について」で「学校の自律性確立」が重要なテーマとなり，1999年に成立した地方分権一括法の成立以降，これら4つの軸で教育システムの再編が進められてきた。この「学校の自律性確立」という観点に立てば，教育行政において国（文部科学省）から都道府県教育委員会，さらには市町村教育委員会にその権限を移譲することが求められる。そして学校においては，住民（保護者，子ども）が教育を直接受けるのは教育委員会ではなく学校であり，個々の学校が彼らの教育ニーズを受け止め，その専門的判断によって教育活動を自主的，自律的に展開することが必要である。このことは，地方教育行政の組織及び運営に関する法律（以下，地方教育行政法）の下での従来の権限構造をどのように改善するのかが重要な課題となる（堀内，2002）。

表 2-1 1990 年代以降の主要な教育法制の改定

年	改定内容	教育法規
1992 年	「学校週五日制」の導入（1995 年度から月 2 回実施, 2002 年度からは完全実施へ）	学校教育法施行規則改正
1998 年	「総合的な学習の時間」の創設	小・中学校学習指導要領告示（高等学校では 1999 年に告示）
	中等教育学校（中高一貫教育校）の制度化	学校教育法改正
1999 年	教育長の任命承認制の廃止など教育行政における地方分権の推進	地方分権一括法による地方教育行政法改正
	国旗, 国歌の法定化	国旗・国歌法制定
2000 年	校長の資格要件の緩和（「民間人校長」の導入）（教頭の資格要件の緩和は 2006 年）	学校教育法施行規則改正
	学校評議員制度の導入	
	職員会議を校長の「補助機関」として規定化	
2001 年	学級編制基準設定の弾力化など	公立義務教育諸学校の学級編制及び教職員定数の標準に関する法律の改正
	教育委員への保護者任命の促進など	地方教育行政法改正
2002 年	株式会社による学校設置・経営が可能に	構造改革特別区域法制定
2003 年	公立小・中学校での学校選択制の導入	学校教育法施行規則改正
	指定管理者制度の導入（保育所, 公民館等の公の施設の「民営化」が可能に）	地方自治法改正
2004 年	栄養教諭の設置	学校教育法, 教育職員免許法の改正
	学校運営協議会制度の導入	地方教育行政法改正
2006 年	義務教育費国庫負担金の国庫負担率を 1／2 から 1／3 に縮減	義務教育費国庫負担法改正
	認定こども園制度の創設	「就学前の子どもに関する教育, 保育等の総合的な提供の推進に関する法律」
	盲学校, 聾学校, 養護学校を特別支援学校に一本化	学校教育法改正
	教育基本法の全部改正	
2007 年	「教職大学院」制度の創設	専門職大学院設置基準及び学位規則の一部を改正する省令等施行
	「全国一斉学力テスト」の実施	
	各学校種の目的・目標の見直し, 副校長・主幹教諭・指導教諭の新設, 学校評価の実施と保護者・地域住民等への情報提供	学校教育法改正
	教育委員会の体制強化, 文部科学大臣の指示・是正要求など	地方教育行政法改正
	教員免許更新制の導入	教育職員免許法改正
	「指導が不適切な教員」の人事管理の厳格化	教育公務員特例法改正
2008 年	小学校における「外国語活動」の導入	小学校学習指導要領告示
	学校の教育活動での社会教育の役割の強化	社会教育法改正
2010 年	公立高校の授業料無償化, 私立高校への授業料補助 ※所得制限の導入に伴い, 就学支援金制度に一本化へ（2013 年）	公立高等学校に係る授業料の不徴収及び高等学校等就学支援金の支給に関する法律 ※2013 年に「高等学校等就学支援金の支給に関する法律」に改題
2011 年	小 1 で 35 人以下学級の実施, 市町村による柔軟な学級編制	公立義務教育諸学校の学級編制及び教職員定数の標準に関する法律, 地方教育行政法の改正
2012 年	認定こども園制度の改善, 地域の実情に応じた子ども・子育て支援など	子ども子育て関連 3 法
2013 年	学校でいじめ防止対策のための組織の設置など	いじめ防止対策推進法制定
2014 年	教育委員長と教育長を一本化, 総合教育会議の設置など	地方教育行政法改正

表 2-1　1990 年代以降の主要な教育法制の改定（つづき）

年	改定内容	教育法規
2015 年	義務教育学校（小中一貫教育校）の制度化	学校教育法改正
	特別の教科　道徳の新設	小・中学校学習指導要領一部改正
	中学校既卒者も中学校夜間学級（「夜間中学」）入学が可能へ	文部科学省通知
2016 年	校長，教員の資質向上に関する指標の全国的整備，10 年経験者研修の見直し	教育公務員特例法改正
	フリースクールなどへの国や自治体の必要な財政支援の努力義務化	義務教育の段階における普通教育に相当する教育の機会の確保等に関する法律（教育機会確保法）
2017 年	小学校での「外国語科」の導入	小学校学習指導要領告示
	基礎定数化に伴う教職員定数の標準の改定	公立義務教育諸学校の学級編制及び教職員定数の標準に関する法律の改正
	学校事務職員の主体的な校務運営への参画	学校教育法等の改正
	学校事務を共同処理する「共同学校事務室」の設置	地方教育行政法改正
	学校運営協議会設置の努力義務化，「地域学校協働活動」の実施体制の整備など	地方教育行政法，社会教育法の改正

※文部科学省「国会提出法律」（同省ホームページ　http://www.mext.go.jp/b_menu/houan/main.htm）などをもとに筆者が作成。

(2) 1990 年代以降の教育法制の変動

　教育改革の展開とともに 1990 年代以降，特に 21 世紀に入ってからの教育法制の主要な改定をまとめたのが表 2-1 である。ここでは，学校の自律性確立，規制緩和，情報公開，参加に即してこれらの教育法制を概観する（教育行政の地方分権化に関しては次節を参照）。

　最初に学校の自律性確立では，各学校がそれぞれの教育目的・目標に基づき，地域の状況などに応じて自主的・自律的な学校運営を行うために学校の裁量を拡大することが進められている。例として，学校管理規則を見直し，これによって，各学校が教育課程の編成，副教材の使用，宿泊を伴う学校行事の決定，休業日の変更，学期の設定などを行う際に，許可または承認による関与を行わない都道府県・市町村教育委員会の割合は 1998 年度と比較すると 2015 年度現在でかなり増えている。また，予算面においても学校の裁量を拡大する取り組みが都道府県・市町村教育委員会で行われている（文部科学省，2016a）。

　さらに，学校の自律性の確立に向けて，学校の内部組織が編制された。それは，「民間人校長」の導入，職員会議を校長の「補助機関」とすること（いずれも 2000 年），副校長・主幹教諭・指導教諭の新設（2007 年）などであり，これらを通じて学校経営の機能強化が図られている。

次に規制緩和に関わるものとして、学校設置・経営への株式会社の参入(2002年)、公立小・中学校での学校選択制の導入、保育所・公民館などの公の施設の「民営化」を可能とする指定管理者制度の導入（いずれも2003年）などが挙げられる。また、国は教育の機会均等、全国的な教育水準の維持・向上という目的から全国的な基準を定めているが、「総合的な学習の時間」や選択学習の幅の拡大（1998年告示の小・中学校学習指導要領）による教育課程編成の弾力化、教育長の任命承認制の廃止(1999年)、学級編制基準設定の弾力化(2001年、2011年)もまた規制緩和であると捉えられる。そして、これらは地方の自主性を高めるという点では地方分権化の方向に沿うものでもある。

最後に、情報公開、参加では、学校評価が学校教育法に規定され、学校の運営状況を保護者、地域住民等に積極的に情報提供する義務が定められたことで、学校の説明責任が制度化された(2007年)。また、学校評議員制度(2000年)、学校運営協議会制度（コミュニティ・スクール、2005年）が導入されたことで地域住民、保護者が学校運営に関与する機会が整備された。情報公開とそれをもとにした参加に関わるこれらの制度の導入では、学校、教員の専門性に依拠することを前提としながら、学校運営に対する保護者、地域住民の理解とその協力を促し、学校の自律性を育んでいくという視点がとりわけ重要である。

第3節　近年の主要な教育法制の動向

(1) 学校体系の変容

戦後日本の教育制度は、いわゆる「6-3-3-4制」の単線型の学校体系に基づくものである。すべての国民が満6歳から9年間の義務教育が保障され、また、小学校（6年）から中学校（3年）、高等学校（3年）、大学（4年）へと連続する単一の学校段階（つまり単線型）を経る教育を受けることができ、社会階層や進路によって学校が分岐することがない学校体系がとられてきた。これは国民の教育を受ける権利を保障し、教育の機会均等を具体化するものである。

だが実際には、1961年から高等専門学校が高等学校と併置しており、また、1960年代から問題となっていた高校間格差を考えると純粋な単線型とは

いえない側面もあった。近年においては、中高一貫教育を行う中等教育学校（1998年）、そして小中一貫教育を行う義務教育学校（2015年）が制度化され、また、公立小・中学校での学校選択制の導入（2003年）、株式会社による学校設置・経営への参入（2002年）などによって学校体系が事実上「分岐型」あるいは「複線型」になったとの見方があり、教育の機会均等の実際を問う論議もある。

　最近では、「幼小連携」や「小中一貫」、「中高一貫」、「高大接続」など学校間の接続をより重視した連携教育、一貫教育が見られる。さらに、小学校と中学校の9年間を「4-3-2」、「5-4」のように子どもの発達段階や教育課題などにより学年段階を柔軟に区切って教育活動を展開する事例も増加している。

　また、フリースクールなど学校以外の場で学ぶ不登校の子どもの支援を目的として国や自治体の財政支援が努力義務化された（2016年）。今回はフリースクールや自宅での学習など学校以外での学習が義務教育として認められるまでには至らなかったが、今後の動向が注目される。

(2) 教育基本法の改正

　日本国憲法の「精神に則り」、1947年に公布、施行された教育基本法は戦後の教育法制のまさに根幹をなしてきた。それは2006年に全面改正され、今日に至っている。この改正教育基本法（以下、「改正法」）の内容について、特に初等・中等教育段階の学校教育に関わった主要な改正点を概説する。

　まず、旧教育基本法（以下、「旧法」）と同様に改正法でも前文が盛り込まれた。ここでは「公共の精神を尊び」、「伝統を継承し」の文言が新たに加えられたものの、全体としては大きな変化は見られない。「日本国憲法の精神にのっとり」とあるように、憲法との関係を強調している点も旧法と同様である。

　「教育の目的」を規定した第1条も、その趣旨は旧法と基本的には変わらない。「真理と正義を愛し」から以下の文章はなくなり、全体として簡素化されてはいるが、「人格の完成」が目指されている点は旧法と同様である。

　第2条は「教育の目標」に改まった。「幅広い知識と教養」、「豊かな情操と道徳心」（第1項）、「個人の価値」、「創造性」（第2項）、「男女の平等」「主体的に社会の形成に参画」（第3項）、「生命を尊び」、「環境の保全」（第4項）、「伝

統と文化を尊重」,「我が国と郷土を愛する」(第5項) などが教育目標として列記されている。また, この第2条と「義務教育」を第2項に規定した第5条を受けて2007年の学校教育法の改正では, 義務教育及び各学校種の目的・目標が見直された。国民全体を対象とする法律で教育目標を定めることについては, 国民の思想・信条の自由に抵触する可能性もあり, 批判的な見解も多い。

第4条「教育の機会均等」には旧法第3条の内容がそのまま移行されている。しかし改正法では, 障害のある者がその障害の状態に応じて十分な教育を受けられるよう教育上必要な支援を行うことが国, 地方公共団体に新たに課された。

第6条では, 学校の設置者に関する規定は旧法と同様である。だが, その第2項では, 児童生徒の心身の発達に応じて体系的な教育が組織的に行われるべきこと, そこでは彼らが学校生活を営む上で必要な規律を重んじ, 自ら進んで学習に取り組む意欲を高めることが重視されるべきこととあるように, かなり具体的に規定された。そして第9条「教員」では, 旧法にあった「(教員は)全体の奉仕者」という文言はなくなったが,「養成と研修の充実」が新たに盛り込まれている。

旧法にはない新設項目としては, 第8条で「私立学校」が設けられた。私立学校が「公の性質」をもち, 学校教育で重要な役割を果たすことから, 国及び地方公共団体は私立学校教育の振興に努めるべきことが規定された。また, 第13条では学校, 家庭及び地域住民等は教育での各々の役割と責任を自覚し, 相互の連携, 協力に努めるべきことが定められている。なお, これを受けての主要な取り組みとしてコミュニティスクールがあるが, これは第8章を参照。

第16条「教育行政」では,「教育は不当な支配に服することなく」の文言は旧法と変わらず盛り込まれている。だが, 旧法第2項にあった, 教育行政の任務としての「諸条件の整備確立」はなくなり, 改正法では教育行政は「国と地方公共団体との適切な役割分担及び相互の協力の下, 公正かつ適正に行われなければならない」として, 第2項に「全国的な教育の機会均等と教育水準の維持向上」のための国の役割が, 第3項では地方公共団体の役割がそれぞれ明示された。また, 第17条では「教育振興基本計画」について定められている。

表2-1に示した特に2007年以降の教育法制の中には, 改正法での以上のような内容を受ける形で, あるいはそれを根拠として改編されたものも数多い。

(3) 教育委員会制度の変革
①教育委員会制度とその展開

　最初に教育委員会制度について概説する。教育委員会制度とは，都道府県，市町村（特別区，教育事務の市町村の組合を含む）で教育，学術，文化に関する事務を管理，執行する合議制の地方教育行政機関であり，首長から相対的に独立した行政委員会の1つである。現在，教育委員会は教育長（教育委員長を兼務）と4人の委員（委員は都道府県・市で5人以上，町村では2人以上も可。委員は首長が議会の同意を得て任命し，非常勤で任期4年）で組織されている。教育長は教育委員会の代表者であって会議を主催するとともに，教育委員会事務局の事務執行の責任者，指揮監督権者である。なお，この教育委員会と事務局をあわせて「教育委員会」と呼ぶ場合もある。

　教育委員会制度は教育委員会法（1948年）によって創設された。それは教育行政の民主化，地方分権化，専門化（一般行政からの独立）という戦後教育行政改革の3つの原理を具体化する制度であり，住民による教育委員の直接選挙制（公選制）と教育予算の原案送付権等の特徴をもち，文部大臣，都道府県教育委員会，市町村教育委員会は指揮監督関係がない「対等」な関係にあった。

　だが，地方教育行政法（1956年）によって，教育委員の住民公選制の廃止と首長任命制への転換，教育財政権限の首長への一元化など教育委員会制度は大きく変質した。さらに，地方教育行政への文部省の権限が強化され，教育行政の「重層構造」といわれる中央集権的な縦の権限構造（文部省―都道府県教育委員会―市町村教育委員会）が構築されることになった。

　この地方教育行政法のもとでの教育委員会制度に対して1990年代以降，教育委員会の必置規制の見直し論や任意設置論などの改革案が提起される一方で，教育行政の地方分権化，具体的には都道府県，市町村が各々の状況に応じて教育行政より自律的に展開できるよう改められてきた。2007年の同法改正では教育委員会の体制強化などが図られている。それは指導主事配置に関する市町村教育委員会の努力義務化，教育委員会の活動状況に関する点検・評価の制度化，教育委員数の弾力化と保護者選任の義務化などである。他方で，教育委員会の法令違反等で緊急に子どもの生命・身体を保護する必要や教育を受ける権利の明らかな侵害が生じた場合，文部科学大臣は是正・改善の指示を行

うことができることも規定された（後述の 2014 年の同法改正でさらに強化へ）。これは地方分権改革に逆行するとの指摘もある。

②新教育委員会制度改革

　教育委員会制度の改革をめぐっては，教育行政と首長との関係の在り方もまた重要な検討課題となってきた。2012 年には大阪府・市で教育行政への首長の大幅な権限強化を図る条例が成立している。そして，大津市立中学校での「いじめ・自殺」問題（2011 年），大阪市立高校の「体罰・自殺」問題（2012 年）での教育委員会への批判的世論を背景として 2013 年には首相開催の教育再生実行会議の第二次提言の中で，合議制の執行機関である教育委員会とその代表者の教育委員長，事務を実際に統括する教育長の間での責任の所在の不明確さ，教育委員会の審議の形骸化，危機管理能力の不足などの問題が指摘された。これを受けた同年 12 月の中教審答申「今後の地方教育行政の在り方について」の提言を経て，2014 年に地方教育行政法は大きく改正されることになった。

　すなわち，①教育委員長と教育長を一本化し，権限を強化した新「教育長」の設置，②新「教育長」は議会の同意を得て首長によって直接任命・罷免されるとともに教育委員会を代表することによって教育行政の責任体制の明確化が図られた。さらに，③首長が招集し，首長，教育委員会で構成される総合教育会議を設置し，首長はこの会議で教育委員会と協議して教育の振興に関する施策の大綱を策定できることとなった。

　このように首長は地方教育行政に対する影響力を大きく高めることとなったが，教育行政の政治的中立性の観点からこれを懸念する意見も多い。だが，子どもの貧困問題や子育て支援などで福祉部局との連携が行われるなど，首長と教育委員会との連携は教育行政と他の行政部局を結びつけ，組織的で横断的な教育施策を推進していく可能性もまた備えている（文部科学省，2016b）。今後の地方教育行政をめぐる動向が大きく注目される。

参考文献

芦部信喜・高橋和之　2002 年『憲法　第 3 版』岩波書店
堀内孜編　2002 年『現代公教育経営学』学術図書出版社

堀内孜・小松郁夫　1987 年　『現代教育行政の構造と課題』第一法規出版
市川須美子・小野田正利・勝野正章・窪田眞二・中嶋哲彦・成嶋隆編　2017 年『教育小六法平成 29 年版』　学陽書房
文部科学省　2016 年 a　「教育委員会の現状に関する調査（平成 27 年度間）」文部科学省ホームページ〈http://www.mext.go.jp/a_menu/chihou/__icsFiles/afieldfile/2016/12/06/1380245_01_1.pdf〉（最終確認 2017 年 9 月 23 日）
文部科学省　2016 年 b　「新教育委員会制度への移行に関する調査（平成 28 年 9 月 1 日現在）」文部科学省ホームページ〈http://www.mext.go.jp/a_menu/chihou/__icsFiles/afieldfile/2016/12/06/1380244_01_1.pdf〉（最終確認 2017 年 9 月 24 日）
佐藤功　1983 年　『憲法（上）新版』有斐閣

学校・学級経営の機能と構造

第1節　学校経営・学級経営の実践にあたって

(1) 学校経営・学級経営の視点をもつ

　教師はその職に就くために大学，大学院などで学び，教員免許を取得し，教員採用試験に合格して初めて教壇に立つことができることから，すでに教師としての一定の力量を持っていると考えられる。しかし，実際には教師として教壇に立ち，あらゆる現場の状況にふれたときに初めてまだまだ学ぶことがあることに気づき，そのときに「もっと大学，大学院などで勉強しておけば良かった」と感じるものである。

　このことは管理職になったときも同様で，「もっと早くから管理職としての学びを深めていれば良かった」と感じる。今の大学における教職に就くための学びの中で，管理職になったときのための学校経営的視点に立った学びがカリキュラムの中に少ないように思う。

　専門職としての教育職に就くには，一教員として学校を見るという視点だけではなく，学校経営の視点をもって学校教育活動や学校運営を見渡す，俯瞰するという視点をもつことも教職に就く前に学ぶべきことの一つであると考える。小島（2007）は学校経営を，「学校つくりのビジョンと戦略を設定し，その実現のために学校経営計画を策定して経営資源を調達，運用して，それぞれの資源を機能させる組織を作り，組織を通して意思決定を図り目標を達成しようとする計画的で持続的な営為である」としており，学校経営の視点をもって教職に就くことが，もたずに就くことに比べて学校教育活動に対する視点を広げると考えられる。この経営的視点に立った学びが，学校経営はもとより，教職に就いたばかりの教員が学級経営，授業経営，部活動経営など，主体的に教

育に取り組むときに役立つであろう。

　教師となった1年目に，与えられた職務が取り組みたい職務（will）ではなく，どのようにすればうまく進めることができる職務（can）かもわからず，でもしなければならない職務（must）であったとき，学校教育活動全体を見渡そうとする視点（経営的視点）がなければ，「できない自分」に失望してしまい，取り組みたい職務に取り組むことなく教職に挫折してしまう可能性がある。しかし，経営的視点に立つことができれば，与えられた仕事が学校教育活動全体の中のどこに位置づいているかや，その職務の意義・目的を理解することができ，他の仕事との関連を踏まえて意欲をもって困難を乗り越えられる可能性が高まる。職務の進め方が未熟な若手教師は，できる職務（can）が少ない最初の数年間も経営的視点をもって取り組むことが望まれる。経営的視点をもつことで，多くの教職員と一体となって取り組むことができ，取り組まなければならない職務（must）を周りの教職員からのサポートを得つつもやり切り，それぞれの力量も向上（下図における円の大きさが大きくなる）し，取り組みたい職務（will）にも取り組めるようになる。その過程を経験することが，図3-1のように「やりたい職務」，「やらなければならない職務」，「やれる職務」の重なりが大きくなり，「A」のエリアを大きくしていくことになる。このことが教育という職務に長期にわたって意欲的に取り組むことの重要なポイントの一つである。

　教師になった当初から経営的視点をもって学級経営や授業経営，部活動経営などに主体的に取り組むことが，管理職になった時の学校経営にもつながることになる。学校経営にしろ，学級経営にしろ，管理職になってから，あるいは担任になってから学べばいいというものではなく，教職に就く者にとっての一

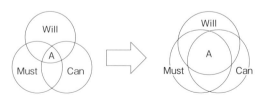

図3-1　若手教師がその成長過程を経て「A」のエリアを大きくしていく

連の流れであると考えて，大学生としての学びの段階から経営の視点についても学んでほしい。

　では実際に教職に就き，学校や学級を経営する立場に立ったとき，具体的にはどのようなプロセスで経営していけばよいのだろうか。学校経営と学級経営を比べた時，その守備範囲はかなり違うことになるのだが，共通する部分も多々あると考える。学校や学級だけでなく，授業や部活動などを経営するにあたっても，そこには知識，手法や危機管理が必要であり，それを実践するための計画性，主体性，行動力やコミュニケーション能力も必要となってくる。

(2) 信念をもつ，戦略を立てる，戦術を練り実践する

　では，これら必要な内容について一定程度の力量を備えていないと経営はできないのであろうか。もちろん備えていることが望ましいのではあるが，仮に備わっていないとしても，上司から任命されたときは，「管理職・担任として，児童・生徒のために，今もっているすべての力を発揮してできる限りの努力をしよう」という熱い思いがベースにあるのであれば，積極的に取り組むべきだと考える。その理由の一つは，任命した上司はその教師の力量を認めており，もし何らかのミスがあったとしてもフォローする覚悟をもって任命しているからであり，もう一つの理由は，実際にその立場に立って経験してみないとわからないことが多くある，つまり経験が管理職・担任としての力量を高めるからである。ミスはしないことが重要であるが，そうとばかり言っていては教師は育たない，というのも現状である。

　いずれの経営をするにあたっても，経営を担当するということはそれに責任をもつ者としての信念（学校・学級経営ビジョン）をもつことが必要になる。そう簡単には揺るがない信念をもつことで，教職員や児童・生徒，保護者，地域の方々（以下，教職員などと記す）が経営者を信頼することにつながり，また信念をもつことで，それを実現に近づけるための戦略（学校改善のための全体図とその道筋）を立てることができ，戦略実現のための戦術（一つひとつの戦略を実現させるための具体的方策）を練り実践することにつながる。そこから教育実践が動き始めることになるのだ。この経営プロセスは，学校と学級という経営フィールドは違っても基本的な考え方，取り組み方において共通する

部分は多々あると考えており，学級経営や部活動などの経営経験が管理職になったときに大いに役立つことになる。学校経営，学級経営それぞれについての信念，戦略，戦術などについて以下に記す。

第2節 学校経営の機能と構造

(1) 現状を踏まえて信念をもつ

学校を経営するにあたっては，経営者たる校長はどのような学校にしていきたいのかについて，簡単には揺るがない信念（学校経営ビジョン）をもたなければならない。その信念を教職員などに伝えることで一丸となっての学校運営が可能になるのであり，教職員だけでなく保護者や地域などとともに児童・生徒を育てようとする「チームとしての学校[1]」づくりにもつながる。校長が信念をもつことから学校は前進をはじめ，改善され，活性化していくものである。

現代の校長はその職務の多忙化から信念をもちにくい（教職員などと共有しにくい）状況にあるとはいえ，だからといって信念をもたなくて良いということにはならない。笠井（2012）は，「これまでの学校経営においては単年度の学校経営計画を作成し教職員に周知すれば事足りたかもしれないが，変化の激しいこれからの時代においては，中期（3〜5年）のしっかりした学校ビジョン，それも学校の関与者に共有・支持されるものが必要になってくる」といっている。

では，これからの校長はいかにして信念をもてば良いのだろうか。校長は文部科学省や地方自治体（教育委員会など）からのさまざまな施策を受けて職務を遂行することになるが，どの内容を所属校として重点的に取り組むかについて取捨選択する力量が求められる。これに加えて，所属する学校の状況として，

---

[1] 中央教育審議会は，答申「チームとしての学校の在り方と今後の改善方策について」（2015）において，「チームとしての学校の在り方と今後の改善方策について（答申）」の中で，「学校が，複雑化・多様化した課題を解決し，子供に必要な資質・能力を育んでいくためには，学校のマネジメントを強化し，組織として教育活動に取り組む体制を創り上げるとともに，必要な指導体制を整備することが必要である。その上で，生徒指導や特別支援教育等を充実していくために，学校や教員が心理や福祉等の専門スタッフ等と連携・分担する体制を整備し，学校の機能を強化していくことが重要である」としている。

創立から現在に至るまでの経緯や現状についてもできる限り把握する。現状を知る手段としては，学校評価，授業評価などを行うことも有効である。このような現状把握から，所属校が抱える課題や改善の方向性はおおよそ見えてくるものである。

文部科学省，地方自治体の施策や，学校の歴史と今，それに校長自身が学校教育活動を通して経験してきたこと，学んできたことを踏まえて，児童・生徒を待ち受けるであろう未来を可能な範囲で予測し，彼らがその未来で幸せな人生を送るために，どのように学校教育活動を改善していくべきかについて熟考し，ゆるぎない信念（学校経営ビジョン）をもつ。

信念を伝えるときは，それを学校経営計画などに落とし込んで周知を図るべきものであることから，教職員などにわかりやすく，シンプルなものにすべきである。たとえばポイントを3つにまとめるとか，校長の信念が伝わるようなポンチ絵を作成するとかが考えられる。筆者は校長時代に現状認識などを踏まえてもった信念を実現するために作成した3つの目標などを周知しようと，ポンチ絵を作成して教職員に配布したりホームページに掲載したりしていた。参考になればと図3-2に掲載する。

(2) 戦略を立てる―全体図を作成し，その実現のための道筋を見据える―

戦略を立てるには，「(1) 現状を踏まえて信念をもつ」で記述した現状認識が重要となってくる。現状認識を踏まえることで，今行われている取り組みが信念の実現に向けてプラスかマイナスかについて評価できるとともに，今行われていないが新たに取り組むべき内容が何かについて見えてくる。それらを踏まえて全体図を描くことになるが，校長は，ややもするとその信念の実現に向けての取り組みにのみ注力することが考えられる。校長は学校の最高責任者であり，学校教育活動全般を視野に入れてトータルコーディネートしなければならない。つまり戦略を立てるにあたっては，信念を実現するための阻害要因や信念実現に向けての道筋とは違う分野の課題であっても，それから目を背けることなくその解消や改善に向けて取り組むことも肝に銘じておかなければならない。学校改善に近道はない。

学校改善に向けて戦略を立てるにあたっては，信念実現のための新たな取り

組みやすでに実践している取り組みの反省に基づいての改善をも俎上に載せて，何が喫緊の課題なのかを公平に評価して全体図を描く。篠原（2012）は，この全体図を学校経営計画とし，この計画を学校の実態に合わせていかに意味ある形にデザインできるかは，現代における学校改善の実質化に向けた重要課題だとしている。

　このようにして描いた全体図を何年かけて何から改善していくのかを決め，それを1年ごとの改善の道筋にまで落とし込んでいくことが，戦略を立てるということになる。戦略を立てるにあたっては，校長の在籍期間を考えればすべてをやり遂げることは難しいということも念頭に置き，引継ぎも考えて立てなければならない。

　描いた全体図を実現させるための道筋を決めるにあたっては，校長の信念について十分理解している教頭や幹部教員の知恵を集めて決断していくことがより良い方法であろう。より多くの教員と相談することは大切だが全員を頻繁に集めることは難しく，決断に時間を要してしまうことは迅速に決断することの妨げとなる。相談するにあたってはその内容に応じて，幹部教員でなくてもそれぞれの取り組みに長けているベテラン教員や若手教員の意見を聞くことも重要である。また，保護者，地域やその他の外部組織とも相談することも念頭に置いておく。

　ただし，最終決断は校長がしなければならない。戦略を立てれば必ず全教職員や生徒・保護者などに戦略の説明をすることになるが，いったん説明すればその取り組みは動き出すことになる。後戻りはできないのであるから，説明する前に校長はその戦略が正しいかどうかについて十分に検討してから決断しなければならない。決断するにあたっては，その取り組みが頓挫しそうになったときの危機管理についても想像しておかなければならない。その全体像を想像することができたとき，校長は決断することになる。校長が決断し，それぞれの取り組みについて教職員などに説明したときから，実現に向けての創造（Create）が始まる。つまり戦術が練られ，それに基づいて具体的な実践が始まるのである。

第2節　学校経営の機能と構造　39

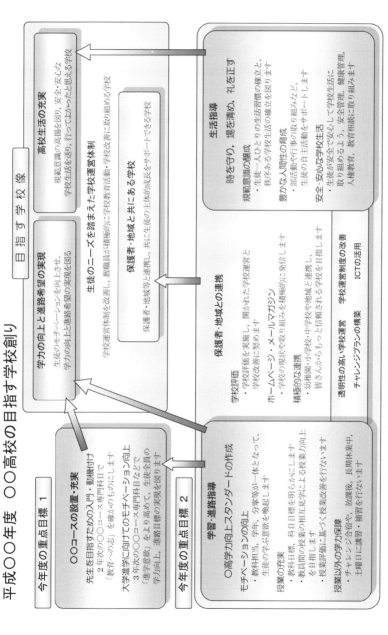

図3-2　校長の信念（学校経営ビジョン）を伝えるために作成したポンチ絵

(3) 戦術（一つひとつの戦略実現のための具体的方策）を練り実践する
—PPDCA サイクルを回す—

　戦術を練るにあたっては，戦略（学校改善のための全体図とその道筋）を具体化する方法を練っていかなければならず，すべての教員に参画してもらわなければならないので，それぞれの取り組みをリードする立場の教員との綿密な打ち合わせが必要となる。

　戦術を練り，実践するにあたっては，基本的にはPDCAサイクルを回すことが前提となる。つまり，しかるべき組織で全体図にあるそれぞれの取り組みの進め方について計画（Plan）し，その計画を踏まえて実践（Do）し，その実践を評価（Check）し，次の取り組みに活かす（Action）。ただ，特に公立学校についてはその取り組み内容を広報・宣伝せずに実施していることが多くあると思われる。そこで，公立学校においてPDCAサイクルを回すにあたっては，PとDの間に広報・宣伝の意味でもう一つP（Publicize）を入れて，PPDCAサイクルとして回すべきだと考える。この広報・宣伝を入れることで，実施する内容について学校として責任をもってやり抜くことにもつながる。

　PPDCAサイクルの一つ目のP（Plan）として具体的実践内容・方法を計画するにあたっては，先ずその取り組み内容に応じてどのような組織で，誰をリーダーにするかが重要である。組織については，既存の組織を活用する場合と，新たな組織を作ることが考えられる。仮に新たな組織を作るとしても，既存の組織との関係を考慮して，組織を複雑にすることは避けたい。組織とリーダーが決まれば，リーダーは戦術を練り始めることになる。戦術を練るにあたって校長は，詳細な内容も含めてできるだけリーダーに任せる。ただ，他の組織の取り組みとの整合性を常に確認しながら進める必要があることから，校長とのホウレンソウ（報告・連絡・相談）は欠かせない。

　全体図を道筋に沿って実践するにあたっては，PPDCAサイクルの二つ目のP（Publicize）である広報や宣伝も必要だ。今の時代はインターネットによるホームページの閲覧など，様々な方法で学校の取り組みを広報・宣伝することは可能となっているのだから，積極的に活用すべきである。保護者や地域からも注目してもらうことで，取り組みに対するモチベーションや責任感も強くなるし，学校の良さをアピールすることもできる。

D（Do）にあたる取り組みを実践するにあたっては，まず念頭に置くべきは危機管理であろう。取り組みを準備している段階で思わぬハードルに出くわすこともあれば，実践中に問題に直面することもある。職務内容量が増えることで教職員がモチベーションを下げてしまうことも考えられるし，事故対応も計画に入れておかなければならない。校長はさまざまな危機管理についてリーダーに事前に伝え未然防止に努めることが必要であるが，起こってしまった場合は校長自らが対応することの覚悟も必要である。

　取り組みを終えて，その内容や結果が100点満点だということはそう多くはない。取り組みを振り返ったときに複数の課題が浮かび上がってくることが通常であり，次の取り組みに向けてその改善策を考えて引き継ぐことは必須である。そのためには，PPDCAサイクルのC（Check）とA（Action）にあたる部分として，振り返りで浮かび上がってきた課題の改善策について引き継ぎ書などを作り，着実に引き継いでいくことが重要である。教育委員会事務局などでは，取り組みの内容や結果，引継ぎ事項などを次年度に引き継ぐための原議書（官公庁の行政文書）を作成するなど，引継ぎ方法を確立している。

第3節　学級経営の機能と構造

(1) 担任として信念をもち，戦略を立て，戦術を練る

　前述したように学校経営は校長が責任と自覚をもって取り組むことが求められるが，学級経営においては担任が担当する学級に責任と自覚をもって取り組まなければならない。学級経営を実践するにあたって担任は，「他の誰でもない，私が担任なのだ」という気概をもち，担任をさせていただくことに感謝し，児童・生徒の成長の全体図をいかに描くかが，児童・生徒の成長に大きく関わってくる。

　担任（学級経営者）として学級経営に取り組む際は，中教審が学校運営について「チームとしての学校」を提唱していることと同様に，学級運営も「チームとしての学級」という認識をもってさまざまなメンバーとともに児童・生徒を育てる観点が必要だ。メンバーのそれぞれからできる限りの情報を集め，担任としての目指す学級像をも踏まえて，1年間の信念（学級経営ビジョン）を

もち，戦略（学級改善のための全体図とその道筋）を立て，戦術（一つひとつの戦略実現のための具体的方策）を練る。それを年度当初にロングホームルームや懇談会，学級だよりなどを通して児童・生徒，保護者に伝えることが担任として良いスタートを切ることにつながる。実践するときは前述したPPDCAサイクルを回すことが児童・生徒のためのより良い学級経営につながるし，そうすることで担任としての経験が蓄積され，力量の向上にもつながる。

また，学級内で日々起こるさまざまな問題に対応することも担任の重要な職務であることを忘れてはならない。

ここでは「チームとしての学級」という認識をもつこと，計画的に実践すべきことと，計画とは別に起こるさまざまな問題への対応について記述する。

(2)「チームとしての学級」という認識をもつ

映画監督が一つの映画を製作するときに，その映画に登場する俳優だけでなく，脚本家，カメラマン，編集などの多くのスタッフとともに制作するように，担任も多くの人たちと協力して一緒に生徒を育てるという「チームとしての学級」という認識を持つことが重要である。担任になると，ややもすると自分一人で経営していこうと考えてしまうことがある。それは決して悪いことではないのだが，やはり一人の力は限られており，担任が中心となり多くの人たちと共に助け合って学級を経営することが生徒のためにも担任のためにも良い。難題に対峙したとき，一人で解決しようとすることで精神的に追い込まれることのないようにしたい。学校は組織教育の場なのである。

「チームとしての学級」として学級経営に協力してもらえる人や組織は多い。学級経営を始めるには，学校教育目標や学年教育目標を踏まえ，主役の児童・生徒はもちろんのこと，児童・生徒の保護者，教職員（担任団，部顧問，養護教諭等）などからこれまでの学習状況，健康状態，友人関係，部での活動状況，家庭状況，進路目標などについて情報を集める。4月当初には児童・生徒の様々な情報を得るために，本人に行うアンケートや懇談も有効である。

集めた情報をもとに学級目標を作って学級経営をスタートさせることになるが，年間を通して，また状況に応じて，上記の方々に加えてスクールカウンセラー（SC），スクールソーシャルワーカー（SSW），子ども家庭センター，警

察や地域の方々も，学級経営に際しての「チームとしての学級」の一員であると認識してそれぞれの場面で協力してもらうことが肝要である。

(3) 計画的に学級経営を実践する

担任として学級経営を実践するにあたっては，年間を通してすべきことを計画的に実践しなければならない。そのうちのいくつかを紹介する。

①児童・生徒の状況把握

児童・生徒にとって学級は学校生活を通して多くの時間を過ごす大切な場所であり，ともに学んだり，ともに行事に取り組んだりする中で思いやりの心や感謝の気持ちを育む場所であり，将来社会に巣立つときに必要な社会性も身に付けることのできる場所である。そんな学級はすべての児童・生徒にとって安心・安全な場所であるべきであり，そのためにも担任は生徒状況を把握し，SOSのサインも見逃すことなく対応しなければならない。

②環境整備

清掃や換気，明るさの確保，机・いすの整備などのハード面の整備とともに，落ち着いて勉強できる，協力して行事などに取り組むことができるなどのソフト面の整備も重要である。

③学校のすべての取り組みの児童・生徒，保護者との窓口

学校や学年でのさまざまな取り組みを児童・生徒に伝える窓口となるのは担任であり，そのことから担任をすることで学校の全体像を把握することができるともいえる。また，児童・生徒や保護者のあらゆる質問を受ける窓口も担任であり，どのような質問にも正しく伝えることが求められ，わからないことは確認してから伝えるとよい。必ずしも耳当たりのいい質問ばかりではないが，相手の立場に立って傾聴的態度で聞くことから始めることが肝要である。

④行事運営

学校行事，学年行事，学級行事として行われる文化祭，体育祭（運動会），遠足，かるた大会など，さまざまな行事で児童・生徒を指導したりサポートするのも担任である。このような取り組みで児童・生徒の日頃見えない側面を見ることもできるので行事運営も大切にしたい。

その他，委員決め，学級通信作り，席替え，通知表や指導要録の作成など，挙げればきりがないが，それぞれの取り組みについては年間を通して計画的に，そして取り組みごとに目標をもって学級経営を実践する。

(4) 不測の事態に対応する

　学級内では日々さまざまな不測の事態が起こると言っても過言ではない。学級内での生徒同士やグループ同士の意見のすれ違いや自己中心的な発言，成績不振な児童・生徒，不登校や登校拒否，事故や疾病による入院など，担任が対応を求められる内容は多々ある。いじめなどは，新聞，テレビなどでも取り上げられ，さまざまな対応がされているところではあるが，一向になくならない現状がある。これらはいつ起こるかわからない不測の事態ではあるが，担任はその内容に応じて間を置くことなく対応することが求められる。内容によっては一人で対応しようとはせず，「チームとして学校」のメンバーとともに対応することも念頭に置いておきたい。このような不測の事態が起こったときの対応について，いじめを事例とした対応方法の一例を以下に記述する。

①即時対応

　目の前でいじめ事象が発生したときや児童・生徒が訴えてきたとき，見て見ぬふりをしたり訴えを放置したりすることなく，担任は（担任でなくても）直ちに対応すべきことを実行する。止めるべきは止め，離すべきは離すとともに，周りの生徒に応援の先生を呼びに行かせる。訴えがあった場合も後回しにせず，場所を選んで複数の教師で聞き，メモを取ることが必要だ。けがをしていたらすぐに病院に連れて行き，管理職，保護者にも連絡する。

②現状認識

　即時対応が必要な場合はそれをしてから，必要でない場合も十分な現状認識をすることが必要だ。学級や同じ部活動をしている児童・生徒はもちろんのこと，教科担当教員や保護者などからも状況を聞き取り，いじめが起こった背景にはどのような状況があり，いつからどのようないじめが起こっているのか，関与している児童・生徒は誰なのかなど十分に現状を把握し，間違った指導が行われないようにしたい。

③対　　応

　現状認識を踏まえ，起こっている内容が今後継続しないよう，被害を受けた生徒が元気に登校できるよう，必要に応じて生徒同士，関連する学級・学年・部活動などに対する指導が必要となる。保護者への説明も必要だ。状況に応じて学校全体の取り組みにすることも視野に入れて，時間がかかっても丁寧に対応しなければならない。

④振り返りと未然防止

　十分に対応した段階で学校として事実を振り返り，二度といじめが起こらないような未然防止の取り組みが重要である。なぜいじめが起こったのか，なぜ初期の段階で止められなかったのか，児童・生徒が相談，もしくは通報しやすい状況ではなかったのか，担任はどこに注意すべきだったのかなどについて振り返り，今後起こらないようにするための未然防止措置について，教職員研修も含めて実施すべきである。

参考文献

堀内孜編　2011 年　『公教育経営の展開』　東京書籍
笠井稔雄　2012 年　「学校ビジョンの設計」　篠原清昭編著　『学校改善マネジメント』　ミネルヴァ書房　pp. 63-80.
小島弘道編　2007 年　『時代の転換と学校経営改革』　学文社
小島弘道・淵上克義・露口健司　2010 年　『スクールリーダーシップ』　学文社
中田正浩編　2014 年『人間教育を視点にした教職入門』　大学教育出版
篠原岳司　2012 年　「学校経営計画の立案」　篠原清昭編著　『学校改善マネジメント』　ミネルヴァ書房　pp. 81-99.
露口健司編　2011 年　『校長の新しい実務課題』　教育開発研究所
八百坂修編　2015 年　『校長・教頭のリーダーシップとマネジメント術』　教育開発研究所
吉田辰雄・大森正編著　2014 年　『教職入門』　図書文化社

4 子どもの「育ち」を支援するために
―生徒指導に対人援助の実践理論を活かす―

第1節　生徒指導における育ちの視点

(1) 生徒指導の基本的視点

　生徒指導とは，「一人一人の児童生徒の人格を尊重し，個性の伸長を図りながら，社会的資質や行動力を高めることを目指して行われる教育活動のこと」（生徒指導提要（2010））とされている。具体的には「社会の中で自分らしく生きることができる大人へと児童生徒が育つように，その成長・発達を促したり支えたりする意図でなされる働きかけの総称のこと」（文部科学省国立教育政策研究所生徒指導・進路指導研究センター（2012）「生徒指導リーフ1　生徒指導って，何？」）であり，①児童生徒が自発的かつ主体的に自己を成長させていく過程を，支援すること，②集団や社会の一員として自己実現を図っていく大人へと育つよう，促すことが生徒指導であるとしている。

　すなわち，問題に直面している「特定の子ども」を対象として，「問題とされている行動を抑止する」ための指導だけにとどまらず，「すべての子ども」を対象として，個性の伸張を図りながら，同時に社会的な資質や能力・態度を育成し，さらに将来において社会的に自己実現ができるよう資質・能力を形成していくための指導・援助なのである。

(2) 生徒指導の2つの面

　こうした生徒指導の考え方を踏まえ，国立教育政策研究所生徒指導研究センター（2008）が発刊した『生徒指導資料第3集　規範意識をはぐくむ生徒指導体制』では，生徒指導を内容面から3つの面を持っているものとしている。

第1節　生徒指導における育ちの視点　47

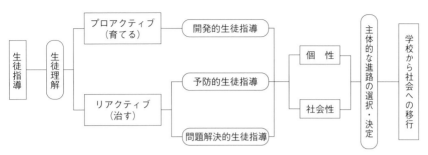

図4-1　生徒指導の実践モデル（八並，2008）

①児童生徒の人格の形成の育成を目指す発達的な生徒指導
②現実の問題等に対して適応したり回避したりするための予防的な生徒指導
③問題行動等に対する規制的あるいは対症療法的な生徒指導

　このような見方は八並（2008）の「生徒指導の実践モデル」（図4-1）にも見られる。
　この八並のモデルでは，「発達的な生徒指導」の面を「開発的生徒指導」とした点は異なるが，国立教育政策研究所生徒指導研究センターの捉え方と共通しているものといっていいだろう。こうした分類をすることで，生徒指導が，すべての子どもを対象として，育ちを支援する営みであることも含め，多岐にわたる生徒への働きかけであることを示しているのである。

(3) 問題解決的生徒指導における「育ち」の視点

　確かに，生徒指導とは，「問題などに直面している特定の子ども」を対象としたものではなく，「すべての子ども」を対象としていることは忘れてはならない。そのことを否定するものでは決してない。しかし，筆者は先に挙げた八並の実践モデルにおいて注目したのは，「開発的生徒指導」を「プロアクティブ（育てる）」とし，「予防的生徒指導」と「問題解決的生徒指導」を「リアクティブ（治す）」としてとらえている点である。
　確かに，現実問題として，即座に問題に対処しなければならないという状況もあるだろう。この状況では，当然ながら対症療法的なかかわりを優先させることになるだろう。しかし，「育てる」ことと「治す」ことを明確に区別する

ということは、「問題に直面していない子ども」に対する「開発的」な援助・支援＝育てる、「問題に直面している子ども」に対する「規制的あるいは対症療法的」な指導＝治すというように、その指導が別のものと捉えることは適当ではない。問題に直面している子どもの育ちを支援するという視点を欠いたまま、対症療法的な指導を行っても、結局、短期的な行動改善は図れたとしても、子どもが主体的に自らの改善に取り組んだものでない限り、長続きはしないのである。つまり、問題に直面している子どもを含むすべての子どもに対する開発的な援助・支援が必要であるということを認識したうえで学校全体の取り組みが必要と考えるのである。

このように考えるのは、筆者が家庭裁判所調査官として非行臨床に関わってきた経験をもつことによる。この非行臨床における実践の中で、非行少年と呼ばれる子どもをめぐる様々な状況を目にしてきた。たとえば、自尊感情の乏しさ、対人不信感の強さ、他罰的姿勢に起因するであろう内省の深まらなさ、人間関係を狭い範囲だけにとどめておこうとする姿勢の強さ、さらに子どもの周囲を見渡すと、子どもを立ち直る可能性をもった存在として捉えない不寛容傾向がますます強まる社会などである。

しかし、家庭裁判所調査官としての非行臨床実践は問題点だけを指摘するのではなく、非行から立ち直るプロセスにも関わるものでもあった。そこではたとえば、母子関係上の問題から、もう誰も信じてはならないといった思いを強く抱いていたところ、その否定的な感情を受け止めることから出発することで、援助者との信頼関係を構築し、再非行なく立ち直った少年、被害者への謝罪という過程を通して内省を深めることができた少年、非行を契機にそれまで崩壊しかけていた親子関係の再統合が図れた家族など、その多くが、非行を契機に自らの新たな成長を遂げることができた事例にも取り組むことができたのである。もちろん、「治す」ということが必要である事例も数多くあるが、ここで挙げた実践から、問題に直面している子どもに対するかかわりを、規制的、対症療法的な指導のみに限定してはならないのだということを学んできたのである。こうしたことから、問題に直面した子どもを「治す」対象として捉えるだけではなく、子ども自らが「育つ」主体として捉え、その「育ち」を支援するという視点が重要であると考えるのである。

第2節　問題をどのように捉えるのか
　　　　　―システムズ・アプローチにおける問題観―

　子どもの「育ち」を支援するうえで大切なことは「子どもの問題の原因を探り，指摘し，どのように理解するか」ではなく，「問題に直面している子どもやその家族とどのように関わっていけばよいのか」ということに焦点を当てることである。この視点のもとになっているのは，以下に示すような家族療法の認識論であるシステムズ・アプローチと呼ばれる問題観である。

(1) 円環的認識論

　家族療法とは，1950年代から急速に発展を遂げてきたもので，伝統的な精神分析療法モデルとは異なり，家族を相互に影響を与え合っている人間で構成された一つの集団と捉える。そして，この家族メンバー間の相互作用，感情面の関係，行動パターンに注目し，その関係性を変化させることを通して問題を解決しようとするものである。

　こうした家族療法の基本的考え方に影響を与えたのは生物学者ベルタランフィ（Bertalanffy, 1968）が提唱した一般システム論である。一般システム理論とは，科学理論の一つであり，システムを「相互作用しあう要素の集合体」として捉える。そこでは，原因と結果を特定することによって状況を把握しようとした直線的因果律では相互作用を捉えることができないとして，円環的因果律に基づき，把握しようとするものである。

　ここでいう直線的因果律とは，「原因」があり「結果」が生じる，逆にいうと物事の「結果」には必ず「原因」があるとする考え方である。

　これは日常的な物事の認識でもあるだろうが，対人援助場面においても，診断主義アプローチといわれるもののように，さまざまな問題には，個人の内面に何らかの原因があり，その原因を追及していき，その原因を改善していくために働きかけるという援助観の前提といえるものである。そして，ここでは，援助の対象は問題をもつ個人だけであり，家族といえども個人を取り巻く環境あるいは資源としての存在にとどまるものだった。

　一方，円環的因果律とは，原因と結果は相互に影響し合っているものと見る

図4-2 直線的因果律　　　図4-3 円環的因果律

ものである。こうした立場に立つのが円環的認識論である。

　このように捉えると，前述した直線的因果律とは，円環的な連鎖の一部を切り取ることによって浮かび上げているだけに過ぎない。そして，そのどこで区切るかは，それをどのように捉えるか（問題意識）によって決まると言える。

　たとえば，子どもの非行という問題に対して，直線的因果律の認識に立つと，母親の養育態度の甘さがその原因であり，さらに母親がそうした養育態度をとるのは，母親自身が厳しく養育された反動であると判断し，援助者としては，子ども自身に非行への内省を促し，母親に対しては養育態度の改善を促す働きかけをするというような動きを取るだろう。

　しかし，円環的認識論に立つと，子どもの非行を家族メンバーの関係性の一部であると捉える。すなわち，母親の養育態度の甘さは，母親と父親との関係の悪さによって，母親が子どもを自分の味方として取り込もうとしてのことであり，子どもが問題を起こせば，より一層父親は母親を批判するため，母親は子どもを味方として取り込もうとして養育態度が改善しないということがパターン化されているというように循環的に把握し，子どもの非行はこうした家族システムの問題性の SOS 信号であると捉えるのである。

(2) IP（Identified Patient）という概念

　この円環的認識論の特色を象徴する概念が，IP（Identified Patient）である。これは「患者とみなされた人」ということであり，家族療法においては非常に重要な概念である。たとえば，家族内に何らかの問題行動をもつ家族メンバーが出た場合，その問題行動をもつメンバーに原因を求め，特定の家族メンバーのみへの援助を考えがちであるが，家族システム論の立場に立つと，それは特定のメンバーが問題なのではなく，全体としての家族の関係性が病理的であると捉えるのである。そこで，この症状を出しているメンバーは，病理的な家族

システムの状況を表に出している，つまり「患者とみなされた人」として捉えるのである。このように捉えることによって，援助者の視点を特定の家族メンバーから，その家族の関係性に移すのである。

(3)「学級の問題児」の捉えかた

ここまで述べてきた円環的認識論に立つと，「学級の問題児」をどのように捉えられるだろうか。それは，「学級の／問題児」ではなく，「学級の問題／児」という視点である。

すなわち，問題とされている子どもに着目するのではなく，学級における教師と子ども，子ども同士の関係性，相互作用に着目する視点なのである。

そのうえで，ここでは，「問題は個人ではなく，学級だ，だから学級担任の問題だ」といっているのではない点は強く強調したい。

「学級が問題だ」というまなざしは，結局，学級運営を原因とする直線的因果律の世界に逆戻りしているに他ならないからである。

「学級が問題だ」ではなく，それは「問題があるとみなされた学級」であって，学級を捉えるうえで，その学級と他の学級を含んだ学年，さらには学校全体の相互作用，関係性を捉えていく視点を忘れてはならないのである。

そして，「原因探し」「犯人探し」をするのではなく，問題とされている子どもの健康な面に目を向け，その問題解決能力を引き出していくことが重要である。

第3節　「語り（ナラティブ）」の変容を目指す実践理論
　　　　―社会構成主義の立場から―

(1) 社会構成主義の視点

前述のように関係性に焦点を当てるのがシステム理論であるが，1980年代，「問題」を客観的実体があるものとして捉えず，「問題」を相互作用の中から構成されたものとして捉え，客観的実体ではないとする立場を取るとして登場したのが社会構成主義の立場である。

すなわち，外部の専門家がこれまでの準拠枠に従って客観的に問題の存否を

判断し，専門家が問題を除去するものと考えるのではなく，その人自身が作り上げる物語の中にあるのだとするのである。そのうえで，社会構成主義においては，問題を改善，除去するのではなく，対話的な関係の中で，問題に対する意味づけの語り（ナラティブ）が本人にとってより望ましいものへと変容していくことを目指すのである。それは，アンダーソンとグーリシャン（Anderson & Goolishian, 1992）がいう「新しい物語を対話によって創造すること」であり，対話的な関係，そして，そこで語られるストーリーに大きく力点を置くナラティブ・セラピーとして展開されてきている。

(2) ナラティブ・セラピーの特徴

　ここで，その具体的な働きかけとして，ホワイトとエプストン（White & Epston, 1990）は問題をその人の「自己」から切り離すための方法として「問題の外在化」（Problem externalization）に着目した「書きかえ療法」を提示し，次の3点を通してクライエントの悩みの解決を援助するとしている。

①その人の人生や人間関係を貧しいものにしている知識や物語から，その人自身が〈離れられるよう〉手助けをする。

②その人が服従を余儀なくされている自己や人間関係に〈対抗できるよう〉援助する。

③その人にとって望ましい結果をもたらすオルタナティヴな知見またはストーリーに沿った方向で，自分の人生を〈書きかえられるよう〉励ます。

　こうして援助者との対話的な関係の中で物語ることを通して，変容のプロセスが展開されるのである。そして，こうした社会構成主義的セラピーのもつ特徴としてガーゲン（Gergen, 1999）は，次の4点を挙げている。

①**意味に焦点をあてる**

　この「意味に焦点を当てる」というのは，伝統的なセラピーにおいて焦点が当てられる因果関係について，それが事実であるか，本当に何が起こったのかはっきりさせる必要があるものでは必ずしもないとする前提に立っている。そのうえで，クライアントが，そのことをどのように意味づけているか，そして，その人の意味づけが変容していくことを大切にしているのである。

②セラピーは共同構成である

　これは，問題を専門的な知識から見るのではなく，専門家から見た現実から離れ，クライアント自身がもっている意味に興味をもって，耳を傾けていくことだとするものである。セラピストの仕事は，クライアントに問題状況についての洞察を促すことや専門的な知見から有用とされる対処方法を伝えるのではなく，クライアントと共同して，より良い状況を目指した生成的な対話を生み出していくことを大切にするのである。その立場から，治療者に重視されるのは「無知のスタンス」なのである。この無知について，アンダーソンとグーリシャンは，あらかじめ用意された理論体系をもって治療に当たることの対極に位置づけており，「セラピストの旺盛で純粋な好奇心がその振る舞いから伝わってくるような態度ないしスタンス」であるとする（Anderson & Goolishian, 1992）。その意味で，セラピストは，クライアントにとって，たえず「教えてもらう」立場にあるとするのである。まさに「クライアントこそ（専門家である）」と捉えるのである。そこでセラピストは，クライアントに好奇心をもち，その語りに真剣に耳を傾けることが求められる。この傾聴する姿勢は対人援助の基本であるが，クライアントとの信頼関係を構築したうえで，セラピストが「既存の知識や理論に基づいて，現象や行動を説明（診断）し，介入（治療）」することを受け入れやすくするための方略ではなく，あくまでセラピストは自分の理解を他者の理解に合わせ続けていくという形で対話していくのである（Anderson & Goolishian, 1992）。すなわち，クライアントのもつ「専門知識」に導かれ，「分析することではなく，理解しようとすること」なのである。この「無知の姿勢」を通して，クライアントとの対話をあくまでクライアントが語るストーリーの固有性やアイデンティティを大切にしていくのである。その中でクライアントとセラピストは，それぞれがもつ意味世界に相互に影響し合う存在であり，対話的関係の中で生み出された共有された意味を紡ぎだしていくのだとしている。

③関係に焦点をあてる

　この「関係に焦点をあてる」というのは，伝統的なセラピーにおいて強い関心が向けられる心の状態（感情，思考，動機，無意識）ではなく，社会構成主義のセラピーでは「関係」に関心を向けるのである。問題が個人の心の内にあ

るものではなく，「問題」を問題として意味づけることで，ある行動のパターンとなっていることに焦点をあてるのである。これは前述したように家族療法において，問題となる人を IP（Identified Patient,「確認された患者」）と捉えることに相通じるものがある。

④価値に対して敏感になる

この「価値に対して敏感になる」ということは，社会構成主義では，「いかなる治療的関係も価値中立的ではありえない」（Gergen, 1999）として，あくまでクライエントの特定の望ましい生き方を志向するものではないことを意味する。そこではいかなる状況においても，必ず価値をもつもの，不思議なもの，面白いものがあるはずだという考えに立ち，積極的に「価値を認める」のである。これは援助者と当事者との間の力関係に対して，敏感になることでもあり，あくまで対等な関係性の中で関わることが大切にされるのである。

以上の4つの特徴が，社会構成主義の実践としてのナラティブ・セラピーの援助観であるが，こうした援助観は心理療法の分野だけではなく，教育の分野においても「私たちが『事実である』『合理的である』と考えているもの—知—はすべて，共同体の関係による産物」（Gergen, 1999）であると捉える視点を提供しているのであり，教育の場における対話を大切にする考え方に至るのである。

第4節　ソリューション・フォーカスト・アプローチ

(1)「解決に焦点をあてる」ということ

前節で述べてきた社会構成主義の立場を基礎としているのが，ソリューション・フォーカスト・アプローチという考え方である。

これは，ディ・シェイザー（de Shazer, 1985）やインスー・キム・バーグ（Berg, 1994）らを中心に，1980年代に体系化された対人援助面接技法の基本的な考え方である。この考え方をもとに，薬物乱用，児童虐待などをはじめとして，様々な家族を支援するための技法を提示してきている（Berg & Miller, 1992；Berg, 1994；Berg & Reuss, 1998）。そして，日本でも，教育，医療，

第4節　ソリューション・フォーカスト・アプローチ

福祉，企業経営などの分野で取り入れられてきているのである。

　このアプローチは，文字通り「解決（ソリューション）に焦点（フォーカス）を当てる」というものである。これは，「問題に焦点を当てる」のではないということを意味している。すなわち，通常は，問題をなくすためには，問題を解決しなければならないと考えるだろう。これは，問題と解決は何らかの形でつながっているという前提に立っているのである。

　しかし，ここでいう解決志向のアプローチでは，問題と解決は必ずしも関係しないという考え方に立っているのである。ここでいう解決とは，すでにある解決（実際にうまくいっている面）とこれから起きる解決（どうなればよいといった希望や解決したときの状態）であり，問題そのものの解決ではないと考えるのである。このように捉えることにより，問題そのものを扱わなくても，解決を実現することはできるというのが，このソリューション・フォーカスト・アプローチの大前提なのである。

　たとえば，何か問題が起こると，その問題の原因を探ったり，分析するといったことを行いがちである。しかし，互いに常に変化している人と人との相互作用が関係している状況では，こうした原因さがしは有用ではないことが多い。たとえば，ある二人の子どもは非常に仲が悪く，けんかが絶えないという状況にあったとしよう。すると，「どっちが悪いのだろう？」，「なぜ仲が悪いのだろう？」，「今までにどのようなことがあったのだろうか？」，「どういう時に最悪な状況になるだろう？」などと，その状況の原因やそこに至る背景を理解しようとする。このように問題に焦点を当てた語りを「プロブレム・トーク」と呼んでいるのだが，このようにして，原因や背景がわかったとしても，それは，この二人がうまくいかなくなることについて，互いの知識を増し，互いの不信感が増大してしまう。しかも，この二人への働きかけも「問題を生じさせない」という規制的な働きかけとなり，援助者との関係も否定的なメッセージを多用せざるをえない。つまり，この問題に関わる人々がみな「問題」に目が向いているのである。こうした状況では，問題状況は解決しないことが多い。

　しかし，ソリューション・フォーカスト・アプローチでは，次のように考える。「二人がうまくいっているときはどのような場面だろう？　けんかをしているときとどのようなところが違うのだろう？」，「二人は，自分たちの関係を

どのようにしたいと思っているのだろう？」などと，うまくいっている点を見つけ出そうとする。こうした語りを「ソリューション・トーク」と呼んでいるのだが，問題の原因は探求せずに，解決のための行動に着目し，うまくいっている状況を増やそうとする。こうすることにより，「うまくいっていることを勧める」という促進的な働きかけとなり，援助者との関係の中でも肯定的なメッセージを多用することができる。こうした関わりを通して，「問題のある人」から，「解決を図ることができる人」という関係へと変化するのである。

このように，ソリューション・フォーカスト・アプローチは，問題に焦点を当て，問題を特定するというように過去に着目するのではなく，健康な面，すなわち解決に焦点を当て，プラスの変化を生み出そうとするように，未来に着目しているのである。このことは，次の3つのルールでも示されている（Berg, 1994）。

① うまくいっているなら，治そうとするな。
② うまくいくことが分かったら，もっとそれをせよ。　　　　　　　　　　　(Do more)
① うまくいかないのなら，二度と繰り返すな。何か違ったことをせよ。
　　　　　　　　　　　　　　　　　　　　　　　　　　　　　(Do something different)

(2) 肯定的に捉える視点に立った支援の技法
①ポジティブ・リフレーミング

ソリューション・フォーカスト・アプローチにおける具体的な技法として，ポジティブ・リフレーミングがある。これは，事実がどうかではなく，事実をどう見るのか，どう意味づけるのかを大切にしていることによる技法である。

たとえば「失敗は成功のもと」など，ことわざでも見方を変えることの大切さを示しているものもあるが，まさにリフレーミングである。すなわち見方が変わることによって問題状況への認識を大きく変えるのである。たとえば「子どもの気持ちがさっぱりわからない」という保護者がいたとしよう。それを「子どもさんにどのように関わっていけばよいのかと一生懸命考えられているのですね？」といったように，語りの焦点を「わからない子ども」から，「子どものことを一生懸命に考えているあなた」というように肯定的な視点への移行を促すといったものである。このように，保護者の問題状況について焦点が当たっ

ている語りについて、そのことを全面的に否定するのではなく、丹念に受け止めたうえで、その問題状況がもたらしている積極的な意味に焦点を当てるのである。

　こうしたポジティブ・リフレーミングの視点は、ソーシャルワークにおける「ストレングス（strength）」視点とも共通するところが多い。このストレングス視点とは、もともとは1990年代、カンザス大学におけるラップらの精神保健福祉サービス実践の取組から生み出されたもので、「全ての人にはストレングス（強さ）があり、生活に抱く願望や抱負、個人の素質、特質、技術、才能、そして環境の中に、ストレングスがある」と考えるところから出発している（Rapp & Goscha, 2012）。その後、このストレングス視点は、精神保健福祉サービスだけにとどまらず、広範囲の援助の領域で適用されるようになっている。ストレングス（Strength：強さ）とは、その人がその内にもっている力、すなわち上手だと思うもの、生得的な才能、獲得した能力、スキルなど、潜在的能力のようなものを意味する。そして、ストレングス視点とは、病理・欠陥・問題点といったものに焦点を当てるのではなく、上手さ、豊かさ、強さ、たくましさ、資源などに焦点を当てる支援観である。そして、それは、対等で協働的な関係の中でともに問題を解決していく視点を大切にする支援観に立った技法なのである。

② スケーリング・クエスチョン（Scaling Question）

　これも肯定的な見方に着目するのであるが、1～10までのスケールを用いて、1を否定的な状態、10を望ましい状態として、そのときの状況がどこに位置しているのかを尋ねるものである。たとえば、「学校が楽しくない」と語る子どもがいたとしよう。そこで、「最悪の楽しくない状態を1、まぁ楽しい状態を10とすると、今はいくつですか？」と尋ねるのである。そこで、たとえば「3」と答えると、1から3までにどんなことが良くなったのですか？」などとして、改善のステップを子ども自身に語ってもらうというものである。これも、子ども自身の認識を大切にしながら、うまくいっている点についての語りを促す技法なのである。

③ コーピング・クエスチョン（Coping Question）

　コーピングとは対処するという意味である。人は大変な状況にあるとき、ま

さに大変な状況に焦点をあてて語る。その大変さに焦点を当てるのではなく，その大変な状況にどのように対処しているのかというところに焦点を当てるのがコーピング・クエスチョンである。たとえば，「夫がなかなか子育てに協力してくれなくて，ほんと大変です」と保護者が語ったとしよう。そこで，支援者は子育てに非協力的な夫に焦点を当てるのではなく，そのことにどのように対処した保護者なのかということに着目するのである。そして「それは大変でしたね。でも，そんな大変な中，子育てに取り組んでこられたのですよね？すごいですね。どんなふうにして子どもさんと接してこられたのですか？」などとして，自ら課題を解決してきたことに着目して，保護者の語りを促すのである。

　以上，システムズ・アプローチ，ナラティブ・セラピー，ソリューション・フォーカスト・アプローチといった対人援助の実践理論を紹介してきた。ここで示された対等性を重視した援助関係，うまくいっている面，健康な面に焦点を当てることを通して，認識の変容を目指すといった援助観は生徒指導場面における「育ち」を支援していくための基本的な考え方として，今後さらに活用の場が広がっていくことに期待したい。

引用・参考文献

Anderson, H., & Goolishian, H. 1992 The Client is the Expert: A Not-Knowing Approach to Therapy. In S. McNamee & K. J. Gergen (Eds.), *Therapy as Social Construction*. Sage Publication.（野口裕二・野村直樹訳　2014 年　クライエントこそ専門家である—セラピーにおける無知のアプローチ—　ナラティヴ・セラピー—社会構成主義の実践—　遠見書房　pp. 43-64.）

Berg, I. K. 1994 *Famaily based services: A Solution-Focused Approch*. W.W.Norton.（磯貝希久子監訳　1997 年　『家族支援ハンドブック』　金剛出版）

Berg, I. K., & Miller, S. D. 1992 *Working with Problem Drinkers: A Solution-Focesed Approch*. W.W.Norton.（斎藤学監訳　1995 年　『飲酒問題とその解決』　金剛出版）

Berg, I. K., & Reuss, N. H. 1998 *Solution Step by Step: A substance Abuse Treatment Manual*. W.W.Norton.（磯貝希久子監訳　2003 年　『解決へのステップ—アルコール・薬物乱用へのソリューション・フォーカスト・アプローチ』　金剛出版）

Bertalanffy, L. V. 1968 *General System Theory*. George Braziller.（長野敬・太田邦昌訳　1973 年　『一般システム理論―その基礎・発展・応用』　みすず書房）

Dejong, P., & Berg, I. K. 2007 *Intreviewing for Solutions*（3rd ed.）. Brooks/Cole.（桐田弘江・玉真慎子・住谷祐子訳　2008 年　『解決のための面接技法―ソリューション・フォーカスト・アプローチの手引き―〈第 3 版〉』　金剛出版）

de Shazer, S. 1985 *Keys to Solution in Brief Therapy*. W.W.Norton.（小野直広訳　1994 年　『短期療法　解決の鍵』　誠信書房）

de Shazer, S. 1991 *Putting Difference to Work*. W.W.Norton.（小森康永訳　1994 年　『ブリーフ・セラピーを読む』　金剛出版）

Gergen, K. 1999 *An Invitation to Social Construction*. Sage Publications.（東村知子訳　2004 年　『あなたへの社会構成主義』　ナカニシヤ出版）

市川千秋　2008 年　「解決焦点化アプローチ」　八並光俊・國分康孝編　『新生徒指導ガイド―開発・予防・解決的な教育モデルによる発達援助』　図書文化社　pp. 96-97.

岩崎孝次・森島昭伸編　2008 年　『生徒指導の新展開』　ミネルヴァ書房

国立教育政策研究所生徒指導研究センター　2008 年　『生徒指導資料第 3 集　規範意識をはぐくむ生徒指導体制』　東洋館出版

国立教育政策研究所生徒指導研究センター　2009 年　『生徒指導資料第 1 集（改訂版）生徒指導上の諸問題の推移とこれからの生徒指導―データに見る生徒指導の課題と展望―』　ぎょうせい

文部科学省　2008 年　「中学校学習指導要領解説総則編」　文部科学省

Rapp, C. A., & Goscha, R. J. 2012 *The Strengths Model : A Recovery Oriented Approach to Mental Health Services*（3rd ed.）. Oxford University Press.（田中英樹監訳　2014 年　『ストレングスモデル（第 3 版）』　金剛出版）

White, M., & Epston, D. 1990 *Narrative Means to Therapeutic Ends*. W.W.Norton.（小森康永訳　1992 年　『物語としての家族』　金剛出版）

山本智也　2010 年　「問題行動と生徒指導」　西川信廣・長瀬美子編　『学生のための教育学』　ナカニシヤ出版　pp. 85-95.

山本智也　2016 年　「家庭教育支援者の専門性―社会構成主義の視点から―」『家庭教育研究』第 21 号　日本家庭教育学会　pp. 13-23.

八並光俊　2008 年　「生徒指導のねらい「個別の発達援助」」　八並光俊・國分康孝編　『新生徒指導ガイド―開発・予防・解決的な教育モデルによる発達援助』　図書文化社　pp. 16-17.

吉田卓司　2008 年　『生徒指導法の実践研究』　三学出版

遊佐安一郎　1984 年　『家族療法入門―システムズ・アプローチの理論と実際』　星和書店

5 就学前教育の課題と改革

第1節 就学前教育の課題

(1) 就学前教育の特性からくる課題

　就学前教育には,「教科」とは異なる5つの「領域」が設定され,それを基本にした教育が行われている。現在設定されている「5領域」は,1989（平成元）年の改訂・改定時に,それまでの6領域が再編されたものである。それは,心身の健康に関する領域「健康」,人とのかかわりに関する領域「人間関係」,身近な環境とのかかわりに関する領域「環境」,言語の獲得に関する領域「言葉」,感性と表現に関する領域「表現」である。

　「教科」と「領域」とは,名称が異なるだけではなく,考え方そのものが大きく異なる。就学前教育における「領域」は,子どもの発達と活動を捉える目安として設定されている。それぞれの領域の目指すところは,「健康」では,健康な心と体を育て,自ら健康で安全な生活をつくり出す力を養う,「人間関係」では,他の人々と親しみ,支えあって生活するために,自立心を育て,人とかかわる力を養う,「環境」では,周囲の様々な環境に好奇心や探究心をもってかかわり,それらを生活に取り入れていこうとする力を養う,「言葉」では,経験したことや考えたことなどを自分なりの言葉で表現し,相手の話す言葉を聞こうとする意欲や態度を育て,言葉に対する感覚や言葉で表現する力を養う,「表現」では,感じたことや考えたことを自分なりに表現することを通して,豊かな感性や表現する力を養い,創造性を豊かにするとなっている。

　5領域にはそれぞれの目標があり,それらの目標すべてを通して,健やかな発達の基礎を培うことが目指されている。就学前教育は,知識・技能の獲得を目的とせず,心情・意欲・態度の形成をその目的としている。「生きる力の基

礎となる心情, 意欲, 態度」と表記されており, 各領域のねらいも「心情・意欲・態度」の視点から定められている。

さらに, わが国の就学前教育は,「活動カリキュラム」的な性格が強いということができる。もちろん就学前教育には明確なねらいや目標があり, 意図的・計画的な教育を行っている。ここでいう「活動カリキュラム」的な性格とは,「どんな活動を子どもに提供するか」が教育活動カリキュラム設計や指導計画作成の根本にあるということである。

それには, 就学前教育の特性が大きく関係している。就学前教育の特徴として, ①主導的活動があそびであること, ②直接体験を重視した教育であること, があげられる。就学前教育における活動の中心になるのは, 幼児の自発的な活動としてのあそびである。あそびは「他に目的をもたない活動」であるとされ, 幼児が活動を「楽しい」「おもしろい」と感じることが最も重要視される。そこで, 活動の選択に際して,「子どもたちにとって楽しいかどうか」が常に優先される。子どもたちが夢中になってあそび, その結果, さまざまな達成がなされ, 子どもたちには諸側面の発達がもたらされると考えられるからである。しかし, 子どもの心的状態である「楽しさ」「おもしろさ」が優先されるがゆえに, 目標は, どうしても抽象的・心情的なものにならざるをえない面がある。

(2) 問われる「教育」のあり方

先に述べたとおり, 就学前教育の目的が「生きる力の基礎となる心情, 意欲, 態度の形成」であるため, 就学前期における「教育」は, 子どもが健やかに成長し, その活動がより豊かに展開されるための発達の援助と大きく捉えられている。一般的に考えられる「教育」は「勉強を教えること」というイメージが強く, 就学前教育の基本原則である「環境を通しての教育」や「あそびを通しての総合的指導」はわかりにくさをもっている。

現在, 就学前教育に対するいわゆる「教育」ニーズは高く, 文字, 数字, 英語, 運動といった小学校以降の学校生活に必要と考えられるものを就学前教育の段階で教えてほしいという要望が高まっている。保護者のニーズに応えて, 文字, 数字, 英語, 運動などに積極的に取り組む就学前教育・保育機関・施設も多く存在しているのも事実である。その一方で就学前の教育に対しては, 過

剰な「早期教育」を連想し，抵抗感を感じる人も少なくない。そのため，就学前教育はどの機関・施設にも共通する一貫したイメージを描きにくいのである。

しかも，小学校以降の学校教育では，どのようなことを教えるのかが教科書という形でわかりやすく示されているのに対して，就学前教育には教科書がないため，その教育内容は各園の理念や考え方，裁量に任されていることも，就学前における教育のイメージをあいまいにしていると考えられる。

こうした就学前教育の「見えにくさ」「わかりにくさ」「あいまいさ」を改善し，明確なものにしていく必要がある。小学校以降の学校教育とは異なる独自な教育の姿をより明確にすることが，行うべき役割を果たし，小学校との接続にも寄与することになると考える。

そのために保育者は，子どもや子ども集団を理解し，計画を立て，準備をし，配慮や援助を行うことが求められる。「教育的視点」つまり，活動を通して発達を促す視点をもってかかわるからこそ，子どもたちは豊かな活動と出会い，発達する。現在までの豊かな蓄積を生かして，どのような「教育」が子どもたちの「豊かな発達の援助」につながるのかを明確にしていかなければならないのである。

第2節　新要領・指針の方向性

前節に述べたように，就学前教育には「あいまいさ」や「わかりにくさ」が存在する。ここでは，2017（平成29）年3月31日に改訂・改定され，2018（平成30）年4月から実施される幼稚園教育要領・幼保連携型認定こども園・保育所保育指針（以下，新要領・指針と表記する）の動向について小学校との「円滑な接続」も含めて述べる。

(1)「幼児期の終わりまでに育ってほしい姿」が設定されたことの意味

これまで就学前教育では，各幼稚園・保育所・こども園で教育課程や保育課程における教育目標・保育目標という形で，「どのような子どもに育ってほしいか」が設定されてきた。今回の改訂・改定で，「幼児期の終わりまでに育っ

てほしい姿」が設定されたことは，これまでの就学前教育にはなかったことである。

「幼児期の終わりまでに育ってほしい姿」とは，具体的には，「健康な心と体」，「自立心」，「協同性」，「道徳性・規範意識の芽生え」，「社会生活との関わり」，「思考力の芽生え」，「自然との関わり・生命尊重」，「数量や図形，標識や文字などへの関心・感覚」，「言葉による伝え合い」，「豊かな感性と表現」である。そして，「活動全体を通して資質・能力が育まれている幼児・園児・子どもの小学校就学時の具体的な姿であり，教諭等が指導を行う際に考慮するもの」と規定されている。

「幼児期の終わりまでに育ってほしい姿」については，「教育課程に編成すること」「教育課程の実施状況を評価してその改善を図っていくこと」が明記されている。上記の「10の姿」が具体的に示されたことで，これまでわかりにくかった就学前教育の目標が「わかりやすくなった」という意見がある。その一方で，多くの幼児教育・保育関係者からの疑念や反対も多く出された。その疑念や反対とは，育ってほしい姿が設定されたことで，それが「到達目標」となり，「こうであるべき」ということへのとらわれが生まれるのではないかというものである。つまり，子どもたち一人ひとりを，10の姿に到達しているかどうか，つまり「できたかできないか」という視点で捉えることに陥らないかという危惧である。

新要領・指針には，「幼児が身に付けていくことが望まれるものを抽出し，具体的な姿として整理したものであり，それぞれの項目が個別に取り出されて指導されるものではない」と明記している。しかし，具体的で明確であればあるほど，それに対するとらわれが生まれやすいという点にも考慮が必要であろう。

これまでにはなかった形で「目標」が示されたことで，幼稚園・こども園・保育所と通う教育・保育機関・施設が違っても，どの子どもにも形成する必要のある能力・資質が明確になったといえる。ただ，目標は具体的に示されたが，その方法については新要領・指針には示されてはいない。後でも述べるように，それを実現するための保育内容・方法については，各園・所において検討・選択されなければならないのである。

(2) 10の姿をどうとらえるか

　「幼児期の終わりまでに育ってほしい姿」は，いずれも幼児期において重要なことだといえる。しかし，その高度さ・難しさが指摘されている。たとえば，今回の改訂・改定の焦点の一つである「道徳性・規範意識の芽生え」は，「友達と様々な体験を重ねる中で，してよいことや悪いことが分かり，自分の行動を振り返ったり，友達の気持ちに共感したりし，相手の立場に立って行動するようになる。また，きまりを守る必要性が分かり，自分の気持ちを調整し，友達と折り合いを付けながら，きまりをつくったり，守ったりするようになる」姿として説明されている。

　生活やあそびの中で，他者とかかわり，時には衝突したり，問題を解決したりしながら，子どもたちは適切な行動を身に付けたり，ふさわしくない行動が修正されたりする。しかし，わかってはいても自分の気持ちを相手に押しつけてしまったり，折り合いをつけられなくて気持ちが崩れてしまうことがあるのも子どもの姿である。だからこそ，「こうあるべき」ではなく，その姿に近づきつつあることや近づくよう努力している姿を大切にして教育・保育を行うことが重要なのである。

(3)「育ってほしい姿」と小学校との「円滑な接続」

　今回の改訂・改定では，小学校との「円滑な接続」が強調され，そこで重要な役割を果たすのが「育ってほしい姿」だと考えられている。「幼児期の終わりまでに育ってほしい姿」は，5歳児後半の評価の手立てともなるものであり，幼稚園等と小学校の教師が持つ5歳児修了時の姿が共有化されることにより，幼児教育と小学校教育との接続の一層の強化が図られることが期待できると考えられている。つまり，「幼児期の終わりまでに育ってほしい姿」を幼稚園・こども園・保育所側と小学校とで共有することが「円滑な接続」につながると考えられているのである。

　小学校との円滑な接続を考える際に重要だと考えられることは，「円滑な接続」とはどういうことかを明確にし，共有することである。小学校の側からすれば，「一定時間席についていることができる」「教師の話を静かに聞くことができる」「学校のきまりを守ることができる」など，学校生活の基本や学習規

律の面が最大の関心事であろうことは理解できる。もちろん，就学前教育・保育機関・施設においても，小学校への適応を考えてそうしたことに取り組んではいる。しかし，就学前教育は就学後の教育の下請け機関ではなく，それとは異なる独自の役割をもっている。だからこそ，「就学前教育でここまでしておいてくれないと」といった一方的な要望ではなく，双方から円滑な接続を考えなければならない。

　大切なことは，「円滑」とは，段差がないことではなく，段差を「期待」と「発達の喜び」につなげることである。つまり，就学前教育でつけた力を土台にして，新しい学びの世界に「期待」をもって踏み出し，そこで挑戦し乗り越える中で「発達の喜び」を感じることである。だからこそ，「円滑な接続」は豊かな幼児期があってこそ実現するものであり，現実の子どもの姿を相互に伝え合うことこそが円滑な接続を可能にする連携につながるのである。

第3節　これからの就学前教育

　最後に，これからの就学前教育のあり方について考える。ここでは，「小学校への円滑な接続」「生きる力の基礎」「教育へのニーズの高まり」の視点から，10の姿の中から，「道徳性・規範意識の芽生え」と「思考力の芽生え」を中心に考えたい。

(1)「道徳性・規範意識の芽生え」を育てるには

　10代の犯罪が報道されるたびに，規範意識の低下が問題とされ家庭教育を含めた乳幼児期の教育の重要性が強調される。こうした犯罪をなくしたり，学校で起こっている諸問題を解決するためには，小さいときからルールを守り，気持ちをコントロールする力を育てることが大切であると考え，「道徳性・規範意識の芽生え」が重視されるのだと考える。就学前教育の現場でも，「攻撃的な行動をとる」「4, 5歳児になってもことばで自分の思いを伝えられない」「気持ちの切りかえができない」など自分の気持ちをコントロールする力や自分の思いをことばで伝える力が未発達な子どものことが以前から問題になっている。

「規範意識」とはどのようなものを指すのだろうか？「規範意識」とは，「社会のルールの大切さを理解し，それを守ろうとする意識」のことと説明される。就学前教育の場では，「友だちと仲よくあそぶ」「みんなで力を合わせる」「思いやりの心が育つ」「きまりを守る」「自分の気持ちをコントロールする」「自分の思いをことばで伝える」などという表現でどの園でも大切にされてきたことである。

これまでも保育の中で大切に実践してきたにもかかわらず，「自分の気持ちをコントロールする力」や「自分の思いをことばで伝える力」の弱さは，依然として保育の重要課題である。こうした力を子どもたちに育てるには，どのような教育が必要なのかについて考える。

全国国公立幼稚園長会のリーフレットでは，道徳性や規範意識の芽生えを培うための視点として，「基本的習慣の確立」「きまりやルールを守る力の育成」「命を大切にする心の育成」「判断力の育成」「思いやりの心の育成」「イメージする力（想像する力・考える力）の育成」をあげている。この中では，「イメージする力（想像する力・考える力）の育成」と「判断力の育成」が重要だと考える。自分の気持ちをコントロールすること，きまりを守ること，他児とかかわることのためには，考える力と判断する力について，これまで以上に意識的に育てることが重要なのである。

たとえばそれは，ルールを守って生活したり，あそんだり，協力して何かをやり遂げたり，その中でおきたけんかやトラブルの際の話し合いで，自分の思いをことばで表現したり，相手の言いたいことをしっかり聞いて理解しようとすることなどが必要なのである。

(2)「思考力の芽生え」を育てるには

「思考力の芽生え」は，「身近な事象に積極的に関わる中で，物の性質や仕組みなどを感じ取ったり，気付いたりし，考えたり，予想したり，工夫したりするなど，多様な関わりを楽しむようになる。また，友達の様々な考えに触れる中で，自分と異なる考えがあることに気付き，自ら判断したり，考え直したりするなど，新しい考えを生み出す喜びを味わいながら，自分の考えをよりよいものにするようになる」と説明されている。

「性質や仕組みなどを感じ取ったり，気付いたりし，考えたり，予想したり，工夫したりする」には，まず「知りたい」と思えるような魅力的な対象との出会いが欠かせない。子どもたちの周りには，魅力的な対象がたくさん存在している。大人が子どもたちの関心のありかを探り，また，対象の魅力を感じとって提供してこそ，それが子どもたちにとっての関心の対象となり，思考力につながる豊かな経験となるのである。

(3) 大切なのは経験の質

「道徳性・規範意識の芽生え」と「思考力の芽生え」を育てるには，経験が重要であることは言うまでもない。「経験が重要」というと，ともすれば「たくさんのことをさせる」ことだと考えられがちであり，経験の量や種類に目が向きがちである。しかし，経験の数や量だけが重要なわけではない。「させられる」活動では，子ども自身の力にはならないからである。

大切なのは経験の質である。興味と意欲をもって夢中になって取り組み，そこでいろいろなことを感じ，考えて，子どもの内面が変わることが獲得には不可欠なのである。時には，自分の思うとおりにならなくて，悔しい思いや「やめようかな」と思うこともあるかもしれないが，どうしたらいいかを考えたり，もう一度気持ちを立て直したり，やり直したりしながらやり遂げることで，「道徳性・規範意識の芽生え」と「思考力の芽生え」は形成されていくのである。

その経験が子どもにとって意味のあるものとなるには，「適時性」，つまりその経験にふさわしい年齢や時期が重要である。やらされる活動になったり，それを苦痛に感じたりするのは，適していない時期という場合がある。適切な時期に出会えることで，興味も生まれ，意欲をもって取り組むこともできるようになる。子どもにとって，各年齢や時期にふさわしい活動が準備されること，その活動をじっくり楽しむ時間が保障されることによって「楽しかった」「できた」という達成感がもてることこそが重要なのである。

(4) 就学前教育における教育の過程

魅力ある対象との出会いを発達につながる経験にするためには，その過程が重要である。過程において大切なことの一つめは，子どもの心に芽生えた関心

を「道徳性・規範意識の芽生え」「思考の芽生え」につなぐ環境を準備することである。子ども自身が活動の中で直接対象に働きかけ，何かを感じるきっかけが大切である。そのきっかけこそが子どもの豊かな経験の入り口であり，道徳性・規範意識，思考力が育つ土台なのである。

　第二に，他者とともに取り組むことを保障することが不可欠である。大人は，「自分の力で最後までがんばること」を大切にするが，それは，「自分一人で」「他の人の手助けを借りずに」ではない。だれかがやっているのを見て大切なことに気づいたり，「自分もやってみたい」と思って取り組むことが子どもにはよくある。それは，他者を通して，対象に対する興味と活動への意欲が生まれたり，気づきが促されたりするからである。だからこそ，豊かな経験には，やり方を見せてくれたり，励ましてくれたり，いっしょに取り組んだり，できたときにいっしょに喜んでくれる他者がいることが不可欠なのである。

(5) 保育者の役割―人的環境が「道徳性・規範意識の芽生え」「思考力の芽生え」を育む

　子どもが出会った経験やそこで生まれた疑問や関心を，「道徳性・規範意識の芽生え」「思考力の芽生え」につなぐ環境は，物的環境だけではない。大人や子ども同士といった人的環境も大きな役割を果たす。

　人的環境として保育者に求められるのは，「答を与える」ことではなく，子どもが気づき，発見することを促すことである。そのためには，「試行錯誤を許容する見守り」が欠かせない。子どもは，自身の関心にそって集中的に行動するので，必ずしも見通しをもった行動や大人が考えるような「効率的な方法」を行えるわけではない。だから，保育者からすれば，非効率で，まどろっこしいものである。

　しかし，この「非効率さ」「まどろっこしさ」こそ，幼児期の経験として不可欠なものである。一見すると回り道や時間のかかることに思えることの中に，子どもたちが発達する契機が含まれている。試行錯誤し，回り道をしている時間の中で子どもは，たくさんのことを感じ，考えている。試行錯誤が許されること，寄り道が許されること，うまくいかなかったら何度でもやり直せることが，「道徳性・規範意識の芽生え」「思考の芽生え」を育むことにつながるので

(6) 各園で，保育内容・保育の過程を具体化していくこと

　子どもたちの発達を促し，生きる力の基礎を形成するのは，保育内容・保育の過程こそが重要だと考える。「幼児期の終わりまでに育ってほしい姿」として10の姿が示されたが，それがどのような保育によって達成されていくのかについては新要領・指針には明言されていない。だからこそ，子どもたちの豊かな学びがどのような保育内容と過程によって達成されるのかについて，各園で具体化していくことが求められる。子どもたちの視点にたって，どんな経験こそが豊かな学びにつながるのか，そのためにはどんな過程（プロセス）が必要なのかを各園で話し合うことこそが，眼前の最優先課題である。

　その際，これまで大切にしてきた保育内容が目の前の子どもにとって，どうして必要なのかについて再検討し，発達につながる契機を再認識することが必要である。園全体で，子どもたちに経験させたい保育内容・必要な保育過程についての話し合いを重ね，子どもの実態に即した保育内容・過程をつくり出していくことが求められているのである。

参考＞幼児期の終わりまでに育ってほしい姿（幼稚園教育要領）

○健康な心と体
　幼稚園の生活の中で，充実感をもって自分のやりたいことに向かって心と体を十分に働かせ，見通しをもって行動し，自ら健康で安全な生活をつくり出すようになる。

○自立心
　身近な環境に主体的に関わり様々な活動を楽しむ中で，しなければならないことを自覚し，自分の力で行うために考えたり，工夫したりしながら，諦めずにやり遂げることで達成感を味わい，自信をもって行動するようになる。

○協同性
　友達と関わる中で，互いの思いや考えなどを共有し，共通の目的の実現に向けて，考えたり，工夫したり，協力したりし，充実感をもってやり遂げるようになる。

○道徳性・規範意識の芽生え
　友達と様々な体験を重ねる中で，してよいことや悪いことが分かり，自分の行動を振り返っ

たり，友達の気持ちに共感したりし，相手の立場に立って行動するようになる。また，きまりを守る必要性が分かり，自分の気持ちを調整し，友達と折り合いを付けながら，きまりをつくったり，守ったりするようになる。

○社会生活との関わり
　家族を大切にしようとする気持ちをもつとともに，地域の身近な人と触れ合う中で，人との様々な関わり方に気付き，相手の気持ちを考えて関わり，自分が役に立つ喜びを感じ，地域に親しみをもつようになる。また，保育所内外の様々な環境に関わる中で，遊びや生活に必要な情報を取り入れ，情報に基づき判断したり，情報を伝え合ったり，活用したりするなど，情報を役立てながら活動するようになるとともに，公共の施設を大切に利用するなどして，社会とのつながりなどを意識するようになる。

○思考力の芽生え
　身近な事象に積極的に関わる中で，物の性質や仕組みなどを感じ取ったり，気付いたりし，考えたり，予想したり，工夫したりするなど，多様な関わりを楽しむようになる。また，友達の様々な考えに触れる中で，自分と異なる考えがあることに気付き，自ら判断したり，考え直したりするなど，新しい考えを生み出す喜びを味わいながら，自分の考えをよりよいものにするようになる。

○自然との関わり・生命尊重
　自然に触れて感動する体験を通して，自然の変化などを感じ取り，好奇心や探究心をもって考え言葉などで表現しながら，身近な事象への関心が高まるとともに，自然への愛情や畏敬の念をもつようになる。また，身近な動植物に心を動かされる中で，生命の不思議さや尊さに気付き，身近な動植物への接し方を考え，命あるものとしていたわり，大切にする気持ちをもって関わるようになる。

○数量や図形，標識や文字などへの関心・感覚
　遊びや生活の中で，数量や図形，標識や文字などに親しむ体験を重ねたり，標識や文字の役割に気付いたりし，自らの必要感に基づきこれらを活用し，興味や関心，感覚をもつようになる。

○言葉による伝え合い
　教諭等や友達と心を通わせる中で，絵本や物語などに親しみながら，豊かな言葉や表現を身に付け，経験したことや考えたことなどを言葉で伝えたり，相手の話を注意して聞いたりし，言葉による伝え合いを楽しむようになる。

○豊かな感性と表現
　心を動かす出来事などに触れ感性を働かせる中で，様々な素材の特徴や表現の仕方などに気付き，感じたことや考えたことを自分で表現したり，友達同士で表現する過程を楽しんだりし，表現する喜びを味わい，意欲をもつようになる。

参考文献
厚生労働省　2017年　「保育所保育指針」（2017年3月改定）
文部科学省　2017年　「幼稚園教育要領」（2017年3月改訂）
長瀬美子　2017年　「『幼児期の終わりまでに育ってほしい姿』をどうとらえるか」　大宮勇雄・川田学・近藤幹生・島本一男編　『どう変わる？　何が課題？　現場の視点で新要領・指針を考えあう』　ひとなる書房　pp. 66-71.
内閣府　2017年　「幼保連携型認定こども園教育・保育要領」（2017年3月改訂）

教員養成制度の課題と改革

はじめに

　皆さんの多くは，今，大学の教職課程を履修し，教員になることを目指して学問や教育実習に励んでいることだろう。本章が課題とする教員養成制度のまっただ中にいるといえる。自主性・主体性に満ちた教員として，常に「子どもの最善の利益」を追求する教員として，さらに「研究的実践者」としてこれから成長し続けていこうとするならば，自らの制度化された教職への学びがどのような歴史をたどって形成されてきたかを知ることは重要なことではないだろうか。教職を目指しての自己形成のありようも，教員養成制度に少なからず規定されているのであり，その時代的特性から影響を受けないはずはない。そこにはさまざまな進歩の足跡とともに克服すべき課題があると思われる。教員養成制度の歴史を学ぶことにより，その課題を明らかにしたい。

第1節　戦前日本の教員養成

(1) 教員養成のはじまり

　日本の教員養成制度のはじまりは1872年の学制公布による近代公教育制度の創始とともにある。この年，まず「学事奨励に関する被仰出書」が発せられ，続いて「学制」が公布された。前者は，「学制」の趣旨をわかりやすく説明したものであり，「幼童の子弟は男女の別なく小学に従事せしめざるものは其父兄の落度たるべき事」と述べ，小学に就学させることを父兄の責務とした。また，後者では，「小学に教る所の教則及其教授の方法を教授す」る学校として師範学校を開き「小学教師たる人を四方に派出せんことを期す」と規定した。

(2) 師範学校の創設と教員養成の特徴

　1872年に東京に師範学校が設置されたあと，大阪や宮城などに官立師範学校が新設されたが，やがて，小学校教員養成は各府県により担われることになる。教員養成機関は，小学校教員伝習所や師範講習所など種々の名称で呼ばれていたが，1876年頃から師範学校と改称し，女子師範学校もしだいに設置された。

　師範学校制度は，初代文部大臣森有礼による1886年の師範学校令により確立された。師範学校令はその第1条に「師範学校は教員となるべきものを養成する所とす。但生徒をして順良信愛威重の気質を備へしむることに注目すべきものとす」と規定した。師範学校卒業生に共通する「三気質」と言われる「順良」「信愛」「威重」の登場である。尋常師範学校（以下，師範学校）は府県に各1ヶ所設置し，高等小学校卒業を入学資格とし，卒業生は公立小学校教員に任じた。高等師範学校は東京に設置し，中学校あるいは師範学校卒業を入学資格とし，中学校・高等女学校・師範学校の教員養成を目的とした。それぞれ在学中の学資を支給することに対応して卒業後の服務の義務を負わせた。また，1889年の改正徴兵令では，師範学校を卒業した官公立小学校教員に対して兵役の短縮制度（6週間現役制）が導入された（1918年に1年現役制に変更）。

(3) 教師聖職者像と「師範型」教師

　「聖職者」という言葉は，キリスト教の神父や仏教の僧侶など神仏に仕える宗教家のことである。日本における教師聖職者像の起点は，森有礼文部大臣の時代にさかのぼると考えられる。森は，「師範生徒たる者は，自分の利益を謀るは十の二，三にして其七，八は国家必要の目的を達する道具，即ち国家の為めに犠牲となるの決心を要す」と述べ，さらに「師範学校の卒業生は教育の僧侶と云て可なるものなり……教育事業を本尊とし，教育に楽み教育に苦み一身を挙て教育と終始し」と述べている（花井，2001）。また，教員は1880年の集会条例以来，政治的活動を厳しく禁止されてきた。教師聖職者像の特徴は，①天皇の名代（最下等の官吏）としての教師，②政治的・社会的な関心・行動の禁止，③低い社会的地位，であろう。1894年に文部大臣井上毅は，高等師範学校卒業生に対して，「教員の社会における地位は高いとは言えない，場合に

依ては社会から冷遇されることもある，さりながら余は教員は国に取っての栄誉ある職業であると思う，其訳は至尊陛下には教育のことに付て深く叡慮を注がれ給いましますことは人皆知る所である，諸君地方に赴任して教育のことを担当さるゝが，取りも直さず教育勅語の先鋒者である教育勅語の錦旗の下に御馬前で働く人である，其点から言えば諸君は此上もない栄誉ある位置である」（寺崎，1973）と演説した。

　教員給与は当初，全額市町村負担であり，その水準も低かった。したがって，「新に教員の不足を補充せんとするも，之を志望する者多からず，種々の方法に依り養成するも，随て養成すれば随て転職し，現に5万6千の正教員中2万の不足に見る」と記されている（花井，2001）。この点は，基本的には戦前において一貫した教師の状況であった。

　また，教師聖職者像と重なりながら「師範型」教師（師範気質）に対する批判が存在した。「まじめ，着実，親切などの長所をもつ反面，内向的，偽善的，融通がきかない」（山田・貝塚，2005）というのが師範学校出身者に共通した特徴とされた。それは，1922年に野口援太郎が著した「師範教育の変遷」（寺崎，1973）や1936年に師範学校長協会が提出した「師範学校制度改善案」（寺崎，1973）に詳述されている。このような複雑な教師像の形成は，個人の資質というよりも，学校体系における師範学校の位置づけ等，師範学校が置かれた制度上の問題が要因であると思われる。

（4）様々な教員養成ルート

　師範学校卒業者以外の小学校教師は小学校教員検定により資格認定された者と無資格教員であった。無資格教員（中等学校卒業者）は1900年の改正小学校令により「代用教員」と規定された。

　教員資格検定試験制度は，1880年の改正教育令では，特に小学校教員について「師範学校の卒業証書を有せずと雖ども府知事県令より教員免許状を得たるものは其府県に於て教員たるも妨げなし」（神田他，1973）と規定し，これに基づいて，1881年に「小学校教員免許状授与方心得」を定め，小学校教員検定について規定した。1884年には「中学校師範学校教員免許規程」を定め，中学師範学科及び大学卒業者以外で中等学校教員を志願する者について検定に

よって免許状を授与することになった。免許状授与資格を認定された高等教育機関（官公私立の大学・高等学校・専門学校）卒業者は、無試験検定により中等学校教員になることができた。

また、中等学校教員の養成のために臨時教員養成所が設置され、実業学校教員養成のための実業教員養成所も設置された。さらに、1935年に青年訓練所と実業補習学校を統合して青年学校が発足したことに伴い、青年学校教員養成所が設けられた（各府県の任意設置）。

(5) 師範学校の官立移管と専門学校への昇格

1943年に師範教育令が改正された。主な改正点は、第1に、師範学校の目的を「皇国の道に則りて国民学校教員たるべき者の錬成を為す」としたこと、第2に、師範学校を官立とし、中等学校程度に位置づけられていた師範学校を修業年限3年の専門学校程度に高めたことである。これが戦後の大学昇格につながった。なお、従来男女別に師範学校を設置してきたが、男子部と女子部とし、全国に56校の官立師範学校が設置された。青年学校教員養成所も1944年に官立の青年師範学校となった。

第2節　戦後の教員養成原則の確立

戦後教育改革の土台を作った教育刷新委員会（内閣総理大臣直属の諮問機関。1946年8月設置）での教員養成制度の審議においては、師範学校における閉鎖的・非学問的な教育により前述の「師範型」といわれる教師を育成してきたことに対する批判が噴出した。教員養成に特化した師範大学・教育大学は特設すべきでないという意見（教育大学否定論）が大勢を占め、1946年12月には「教員の養成は総合大学及び単科大学に教育学科をおいてこれを行なう」ことを建議した。しかし、教員養成制度の具体的構想を審議した教育刷新委員会第8特別委員会では審議が難航した。それは、リベラル・アーツの重視と教職の専門性との関係をめぐる議論でもあった。結局、1947年5月の総会において決議され、同年11月に「教員養成に関すること（其の1）」として建議された。

この建議は、1949年の教育職員免許法（以下、教免法）の公布により法制

的に確立された。当初の教免法は，①校長，教員，教育長，指導主事はすべて各相当の免許状を有する者でなければならない，②免許状の種類は，普通免許状（1級・2級），仮免許状及び臨時免許状とする，③普通免許状は，原則として大学において教職専門科目を含む所定の単位修得を授与の要件とする，という内容であった。こうして，「大学における教員養成」と「免許状授与の開放制」として，基本的には今日まで継承されている2つの原則が確立されたのである。

1949年当時，教員養成課文部事務官であった上野芳太郎は，「教育職は他の一般の職業に比して精神的な専門職であり生長発達の過程にある児童生徒にとって，教員の構成する環境は決定的な影響を与える。したがって教員は人間としての高い教養とそれぞれの専門家としての深い教養が必要である。……これらの資質は長い教育的な環境の中に生活せしめて指導することによって，はじめて保証することができるという学界の結論に従って，試験検定制度をやめ，学校教育の修了者に対して免許状を与えるという原則を確立したのである。大学を信頼し，大学において保証した者には無条件に免許状を授与する方式である」（上野，1949）と述べている。教免法は，戦前の教員養成の反省に立脚し，教職の専門性の確立を重要な理念とし免許状主義の徹底をうたうとともに，すべての教員が教職に関する教養を高めることを重視していたのである。それは，教免法立案の中心人物である玖村敏雄の次の言葉からもよくわかる。

> 「ともかく新しい教員養成の仕方は従来とちがって自由の範囲が拡張せられ，学問芸道への精進に重きを置き，教職課程も教育事象についての社会学，心理学，生物学，医学その他の科学的研究に立ってのものであって，学問研究と専門職の養成を両立させようとするのである。それに他の学生と共通の講義をなるべく多くし，その学生生活をともにさせて，早くから小さく固まることのないように運営されることにしてある」（玖村，1949）

なお，1949年の国立学校設置法により，教員養成を主とする学芸大学（7大学），学芸学部（19学部），教育学部（20学部）が設けられた。教育学部は旧制高等学校を含んで統合再編された大学に設置された。4年制大学における教

員養成は，当時アメリカでも全体の3分の1ほどの州でしか実現されていないものであり，世界的にも高い水準の教員養成制度が発足したのである。

第3節　戦後の教員養成原則をめぐる議論と改変

(1) 戦後の教員養成制度の改変

　戦後の教員養成原則に込められた理念を実現するためには，「大学における教員養成」の内実の形成が必要であった。しかし，教員養成系大学・学部は，前身校からの劣悪・貧困な教育条件のもとで発足したので，大学の教職課程は発足当初から問題を抱えていた。とくに，一般大学，私立大学の教職課程の教員組織や施設設備の整備充実はなかなか進捗しなかった。

　こうした状況を背景にして，教職課程に対する文部省による「審査・認可」が必要だという意見が強まり，教育職員養成審議会（以下，教養審）の答申に基づく1953年の教免法改正により，課程認定制度が導入された。また，1954年の改正により，校長，教育長，指導主事の免許状が廃止された。

(2) 1960年代以降の教員養成制度改革

　1960年代の教員養成制度改革の中心は，国立教員養成系大学・学部の教育研究を教員養成に特化する目的大学化を進めることであった。この基本路線となったのが，1958年の中央教育審議会（以下，中教審）答申「教員養成制度の改善方策について」であり，1962年の教養審建議「教員養成制度の改善について」である。1958年の中教審答申は，戦後の教員養成原則を戦前制度の欠陥を改善したものとして評価しつつ，「開放的制度に由来する免許基準の低下」や「資格を得るために最低限度の所要単位を形式的に修得するという傾向」などの問題点を指摘した。そして，改善策として，①教員養成を目的とした大学の卒業者，国が課程認定した一般大学の卒業者，国家試験合格者，という3つのルートでの教員養成，②教員養成のための教育課程，教員組織，施設・設備等についての国家基準の設定，③国立の教育大学における義務教育諸学校の計画的教員養成と卒業生への就職義務の設定，④免許状の種別化（普通，仮，臨時）等を提案した。

これらの答申・建議に則って，1966年度から1967年度にかけて学芸大学・学芸学部の名称をその目的と内容充実に即するよう教育大学・教育学部に改めた。また，国立の教員養成系大学・学部における大学院修士課程が，1966年度に東京学芸大学，1968年度に大阪教育大学に設置された（その後，1990年代前半にかけてすべての国立教員養成系大学・学部に設置された）。

　さらに，20世紀末にかけて展開される制度改革の基本的構想を提示したのが，1971年の中教審答申「今後における学校教育の総合的な拡充整備のための基本的施策について」である。次いで，1972年の教養審建議「教員養成の改善方策について」は，前年の中教審答申を基本的に踏襲し，「実践的な指導力と使命感」を重視する教職観にたって「大学における教員養成」と現職研修の制度改革を構想した。すなわち，大学院修士課程レベルの免許状創設による免許状の学歴別種別化（上級：修士，普通：学士，初級：短大），免許基準の引上げや教育実習期間の延長，教員資格認定試験の拡充，そして初任者研修制度の提言である。これらは，1970年代から1980年代にかけて，教員養成系大学・学部における修士課程の設置，新構想教育大学・大学院（兵庫・上越・鳴門教育大学）の設置，1989年の初任者研修制度法制化，専修免許状の創設，特別免許状の新設とその後の拡大として実現されていった。

(3) 教員養成制度をめぐる対立・論争の基軸

　教員養成制度をめぐる対立・論争の基軸は，教員養成系大学・学部を大学制度全体の中で特別な教育機関とするのか否かであるが，もう1つの軸は，教員に求められる資質をめぐる議論であった。後者については，「実践的指導力と使命感」の養成がしだいに強調されるようになってきた。

　1980年代になると，児童生徒の非行・問題行動が多発するにもかかわらず，教育条件整備が停滞する中で，問題解決の決め手を教員の資質向上や使命感の鼓舞に求める傾向が強まった。その論調は，1984年に内閣総理大臣直属の諮問機関として設置された臨時教育審議会（以下，臨教審）に継承された。1986年4月の臨教審第2次答申は，「大学における教員養成」は教師としての「実践的指導力の基礎の修得」を任務とし，採用後の初任者研修制度創設により「実践的指導力と使命感」の育成を図ることを提言した。この段階では，「実践的

指導力の修得」ではなく「実践的指導力の基礎の修得」であったことに留意したい。

　1988年の教免法改正は，①免許状の種類をすべての校種について専修免許状（基礎資格は大学院修士課程修了程度），1種免許状（大学卒業程度），2種免許状（短大卒業程度）の3種類とし（高校は専修と1種のみ），2種免許状を有する教員には1種免許状取得の努力義務を課す，②社会人として有為な人材を活用するため教育職員検定により授与される特別免許状を創設する，③教職科目として「教育の方法・技術」「生徒指導」「特別活動」などの科目を履修する，④教育実習の運用改善のために大学における事前・事後の指導を必須とする，等を中心としていた。これらの改革により「大学における教員養成」の水準引き上げと「大学における教員養成」原則の揺らぎが同時進行する事態が生じた。

第4節　教員養成をめぐる今日の課題

(1)「教員に求められる資質」とは

　「教員に求められる資質」を語った政策文書としては，1997年の教養審答申「新たな時代に向けた教員養成の改善方策について」が注目される。答申では，「いつの時代にも教員に求められる資質能力」として，①教育者としての使命感，②人間の成長・発達についての深い理解，③幼児・児童・生徒に対する教育的愛情，④教科等に関する専門的知識，⑤広く豊かな教養，これらを基盤とした実践的指導力，そして，「今後特に求められる具体的資質能力」として，①地球的視野に立って行動するための資質能力，②変化の時代を生きる社会人に求められる資質能力，③教員の職務から必然的に求められる資質能力，などを挙げている。さらに，答申は，「すべての教員が一律にこれら多様な資質能力を高度に身に付けることを期待しても，それは現実的ではない。むしろ学校では，多様な資質能力を持つ個性豊かな人材によって構成される教員集団が連携・協働することにより，学校という組織全体として充実した教育活動を展開すべきものと考える」と述べている。現在も大切にしたい優れた見解である。

(2) 近年の教員養成制度改革

① 2006年7月の中教審答申の改革構想

　2006年7月の中教審答申「今後の教員養成・免許制度の在り方について」は，「教員免許状が保証する資質能力と，現在の学校教育や社会が教員に求める資質能力との間に乖離が生じてきている」と述べ，「教員養成・免許制度の改革の方向」として，①大学の教職課程を，教員として最小限必要な資質能力を確実に身に付けさせるものにする，②教員免許状を，教職生活の全体を通じて，教員として最小限必要な資質能力を確実に保証するものにする，ことを提起した。その具体的方策が教職課程の質的水準の向上，「教職大学院」制度の創設，そして，教員免許更新制の導入であった。

②教職実践演習の開設と教職大学院の設置

　前述の「教職課程の質的水準の向上」として提起された事項の中核が「教職実践演習」の開設であり，2010年度入学生から原則として4年次後期（短期大学は2年次後期）に履修・修得が必要となった。その目的は「教科に関する科目及び教職に関する科目（教職実践演習を除く。）の履修状況を踏まえ，教員として必要な知識技能を修得したことを確認する」（教免法施行規則第6条1項の付表，備考11）ことである。

　また，教職大学院は，2008年度に19大学（国立15，私立4）が開校し，2017年度には53大学（国立46，私立7）に設置されている。その目的は，①新しい学校づくりの有力な一員となり得る新人教員の養成（学部新卒者対象），②確かな指導理論と優れた実践力・応用力を備えたスクール・リーダーの養成（現職教員対象），である。

　2016年3月修了者の教員就職率は90.3％である。すなわち，修了者総数は758人であり，現職教員院生を除く修了者は404人であった。このうち，教員就職者（臨時的任用を含む）は365人であるから，教員就職率は90.3％となる。これは，前年度比1.3％減少している。

③教員免許更新制の導入

　教員免許更新制は，「不適格教員排除」策として2000年12月の教育改革国民会議報告「教育を変える17の提案」がその導入を示唆した。その後，2006年7月に「その時々で求められる教員として必要な資質能力の保持」を主たる

目的として更新制導入を提言する中教審答申が出された。同答申に基づき，2007年の教免法改正により，2009年度から免許更新制が実施された。しかし，文部科学省が掲げる目的と制度実態との乖離や教員の受動性，また，10年経験者研修との重なりなどの問題が指摘されてきた。2021年11月には，免許更新制の発展的解消が決定され，現在の制度は2022年度で廃止されることとなった。今後の免許更新制は，オンライン研修を中心に検討するとされるが，まだ流動的な状況である。

④「学び続ける教員像」の確立に向けて

2010年6月には文部科学大臣が中教審に対して「教職生活の全体を通じた教員の資質能力の総合的な向上方策について」諮問し，以後，2年間にわたる審議の結果，2012年8月に答申が出された。その特徴は，第1に，「「学び続ける教員像」の確立」を提起したこと，第2に，大学と教育委員会との連携・協働により養成・採用・研修（初任・現職・管理職段階）を通じて資質能力向上を推進していくこと，第3に，教員養成修士レベル化の中核としての教職大学院の発展・拡充である。

「「学び続ける教員像」の確立」を実現するためには次のことが重要である。第1に，教員が学び続けることができるような教育条件の整備（義務教育標準法の抜本的改正による少人数学級推進や教職員定数の大幅改善，正規教員の採用増大）を行うこと，第2に，教師の「学び」を教育政策の枠内に閉じ込めずに「学び」の多様性を保障することである。第3に，「学び続ける教員」を支援するために教特法第21・22条をその立法趣旨に基づき運用することである。国・私立学校教員への準用も検討する必要があるだろう。

⑤コア・カリキュラム

教職課程コアカリキュラムの目的は「教育職員免許法及び同施行規則に基づき全国すべての大学の教職課程で共通的に修得すべき資質能力を示すもの」であり，「これに加えて，地域や学校現場のニーズに対応した教育内容や，大学の自主性や独自性を発揮した教育内容を修得させることが当然である」から「教職課程コアカリキュラムは地域や学校現場のニーズや大学の自主性や独自性が教職課程に反映されることを阻害するものではなく，むしろ，それらを尊重した上で，各大学が責任をもって教員養成に取り組み教師を育成する仕組みを構

築することで教職課程全体の質保証を目指すものである」(教職課程コアカリキュラムの在り方に関する検討会，2017) とされる。

教職課程コアカリキュラムは，2001 年の「国立の教員養成系大学・学部の在り方に関する懇談会」の報告を嚆矢として，2015 年 12 月の中教審答申「これからの学校教育を担う教員の資質能力の向上について」においても提言された。これを受けて「教職課程コアカリキュラムの在り方に関する検討会」が設置された。2016 年 8 月 19 日に第 1 回検討会が開催され，ワーキンググループでの検討やパブリックコメントを経て，2017 年 11 月 17 日に教職課程コアカリキュラムが決定された。コアカリキュラムが「地域や学校現場のニーズや大学の自主性や独自性が教職課程に反映される」ことを妨げないことが重要である。全国の教職課程の内容を画一化し，主体性・自律性に欠けた教員を養成することにならないように十分に注意しなければならない。

また，2016 年の教特法改正により法定された「校長及び教員としての資質の向上に関する指標」(第 22 条の二，三) や任命権者と教職課程を置く大学等で構成する「協議会」(第 22 条の五) が教員養成に与える影響にも注目したい。

(3) 教育行政機関による教員養成

朝日素明の研究 (朝日，2015) によると，2014 年度において「教師養成塾」等の名称で行われている教育委員会が主催する教員養成事業は，東京教師養成塾 (東京都教育委員会) をはじめとして全国で 34 の存在が確認されるという。それらは，都道府県・政令指定都市などの任命権者が主催するものが大多数を占めるが，市 (区) 教育委員会が主催する場合もある。具体的には，「先生のための寺子屋講座」(厚木市教育委員会)，「みたか教師力養成講座」(三鷹市教育委員会)，杉並師範館 (杉並区教育委員会・教師養成塾杉並師範館)，マチカネ先生塾 (豊中市教育委員会) などの 7 事業が存在する。このうち，マチカネ先生塾を主催する豊中市は，2012 年度から豊中・箕面・川西・能勢・豊能の 3 市 2 町で任命権を有しているので，それを除くと 6 事業である。もともとは現職教員の研修機会として設けられていた事業を学生にも開いたという経緯が多いようである。

34 事業の対象者や開講回数，内容，費用負担，採用試験に際しての特別選

考の有無，は多様である．したがって，一律に論ずることはできないが，学生を対象としての事業創設，あるいは対象拡大の要因として，朝日は「近年の教員採用選考の競争率（倍率）低下を一要因として，教員の資質能力をいかに確保するかが課題として浮上してきたこと」を挙げている（朝日，2015）．さらに，もう一つの要因として，瀧本知加・吉岡真佐樹は，大学における教員養成に対する「疑義ないし不信を設立の根拠としている」（瀧本・吉岡，2009）と述べている．その疑義・不信の中身は，第一に，大学における教員養成の問題，すなわち質的保証がされないまま免許状が授与されていることに起因するだろう．第二に，教員像についての教育委員会と大学教員の間に横たわる差異あるいは対立する認識である．教育行政側は，いわゆる「即戦力」，「実践的指導力」（「実践的」の意味合いは吟味を要する）を求める傾向が強く，また，教育政策や教育委員会・管理職の方針の枠内で効果を上げる力量を有した教員を求める傾向が強い．現在，大学における教員養成においても「実践的指導力」養成を重視するようになっているし，教育委員会と教員養成系大学・学部との連携・交流も進展している．それでも専門諸科学の学習・研究を重視し，卒業論文執筆に大きな意味を見出している教員や教育政策からの相対的自律性を重視する教員は少なくない．教育委員会と大学教員との間の「求められる教員像」に関する差異は小さくないと思われる．

　疑義・不信の第一の点は，戦後の大学での教員養成が克服することができずに来た問題である．根本的には教員養成政策の問題であり，少数の専任教員と非常勤講師の多用により教職課程が維持できる課程認定基準に問題があるが，与えられた条件下で教員養成に携わる大学・大学教員に責任がないわけではない．第二の点については，どのような教員が「子どもの最善の利益」の実現に寄与するのか，議論は簡単ではない．ただ，重要なことは，ILO・ユネスコの「教員の地位に関する勧告」（1966年採択）が規定する専門職としての様々な要件と日本の教師が置かれている状況にはあまりにも大きな隔絶があることを認識することである．また，21世紀に入ってから共同専門家委員会（CEART）から文部科学省と教育委員会に対して連続する勧告が行われていることも認識しておきたい．

　さらに，教員養成事業への参加・修了が教員採用選考における「特別選考」

等の優遇措置対象となることの問題性である。それが公平性を損なわないのか，また，究極的には，優遇措置が「子どもの最善の利益」の実現に寄与するのか，丁寧な検討が必要である。

　大学において教員養成に携わる者も教育行政機関による教員養成に携わる者も共に，次の指摘を重く受け止める必要があると思われる。

　「〈教員養成事業〉の実施内容をみても，いずれも『実践的指導力』の育成を目標とするものであるが，教職は『実践的指導力』のみで務まるものではなく，そのような狭い領域の学習をもって大学の教職課程に代替させるのは危険である。また大学の教職課程のみならず通常の教職課程を侵食するような〈教員養成事業〉を容認することは，『大学における教員養成』の崩壊といわざるを得ない」（朝日，2015）

引用文献
朝日素明　2015 年　「教育委員会が主宰する教員養成事業の全国的動向」『摂南大学教育学研究』　Vol. 11　pp. 1-18.
花井信　2001 年　『近代日本の教育実践』　川島書店
神田修・寺崎昌男・平原春好（編）　1973 年　『史料・教育法』　学陽書房
玖村敏雄　1983 年　「教員養成の問題を中心として」（『文部時報』1949 年 3 月号）　戦後日本教育史料集成編集委員会（編）『戦後日本教育史料集成』第 2 巻　三一書房　p. 456.
教職課程コアカリキュラムの在り方に関する検討会　2017 年　「教職課程コアカリキュラム」
瀧本知加・吉岡真佐樹　2009 年　「地方自治体による「教師養成塾」事業の現状と問題点」『日本教師教育学会年報』第 18 号　学事出版　pp. 48-60.
寺崎昌男編　1973 年　『教師像の展開』（近代日本教育論集第 6 巻）　国土社
上野芳太郎　1983 年　「教育職員免許法と同法施行法について」（『文部時報』1949 年 8 月号）戦後日本教育史料集成編集委員会（編）『戦後日本教育史料集成』第 2 巻　三一書房　pp. 457-459.
山田恵吾・貝塚茂樹編　2005 年　『教育史からみる学校・教師・人間像』　梓出版社

教育課程・教育方法の変遷と子どもの学力

第1節　教育課程とは何か

　教育課程とは，英語ではカリキュラム（curriculum）という。その語源ともいわれるラテン語の currere は「走ること」または「走るコース」を意味したという。

　わが国では，戦後教育改革期にカリキュラム及びコース・オブ・スタディ（course of study）という言葉がアメリカから移入し，前者を教育課程，後者を学習指導要領と翻訳したが，戦前では小学校では教科課程，中学校では学科課程という用語が使われており，教育課程という用語は一般的ではなかったこと，また学習指導要領という用語も存在しなかったため，戦後教育改革期以後用いられるようになったこれらの用語は，今日でも学校現場では実はその概念が曖昧なまま使用されていると言ってもよい。

　戦後は，法律に定める学校は学校教育法及びその他法令の定めるところに従って教育課程を編成することとなった。しかし，これらの法令は各学校で教える教科及びその授業時数又は単位数を規定してはいるが，教育課程という言葉が本質的に包含する各教科の内容，指導方法にまでは言及していない。そこで教科外活動を含む各教科内容の大綱を示す学習指導要領が，教育課程の基準として文科省告示として出されているのである。

　一般的には教育課程とは国家的基準をはじめ，地方教育委員会や各学校レベルで制度化されたものを言うが，それを「見える（顕在化した）カリキュラム」と呼ぶ一方で，「見えない（隠れた）カリキュラム（hidden curriculum）」という言葉も存在する。「見えないカリキュラム」とは，学校では時間割表で示されるような公式なカリキュラムによって教科内容を指導・伝達することに加

えて、行動の様式や意識が、意図しないまま暗黙知として教師や仲間から教えられることを言う（例を挙げると、順番を守る、団体行動の大切さなどである）。時にはそれは、伝統や校風といった言葉で表現されることもあるが、実際には見えないカリキュラムは無意図的に伝達されるため、国や地方教育委員会レベルで取り上げられることは少ない。

　また、実際の学校現場では教育課程という言葉は、特定の教科の指導内容を意味して使用されることもある。例えば、「今度、理科の教育課程が改編されて、メンデルの遺伝の法則がなくなった」のように言う場合がそれである。これを狭義の教育課程と呼ぶこともあるが、他方で教科外活動も含めて学校教育活動全体を意味する場合でも、教育課程という言葉が使用されることもある。（広義の教育課程）。これは、curriculum という言葉が複数形（単数形は curricula）であり、名詞の単数、複数が曖昧な日本語の限界であるとも言えるが、学校教育における重要な概念である教育課程という言葉そのものが多義性を持って使用されているという現実からも、外来語の翻訳を多く使用しているわが国の学校教育の問題点を垣間見ることができる。

第2節　戦前の教育課程と教育方法

(1) 明治・大正期の教育課程と教育方法

　明治政府は、近代化と富国強兵の政策を推し進めるために教育制度の確立、充実を最優先課題の1つとして取り組んだ。1871（明治4）年に文部省を設置、翌1872（明治5）年には「学制」が公布され、その序文「学事奨励に関する被仰出書」では、「学問は身を立るの財本」という文言で立身出世主義を謳い、「邑に不学の戸なく家に不学の人なからしめんことを期す」と国民皆学の理想を述べた（巻末資料参照）。

　国が、学問を身に付けた者は財産を残せる（出世できる）という表現で教育への関心を高め、結果としてそれは学歴信仰（学歴主義）につながり、多くの国民がより高いレベルの学歴を求めるという風潮を作り上げた。高校進学率が全国平均98％を超える現在、国民皆学の理想は実現したとも言えるが、逆に高校への無目的入学者・中退者の増加という課題を顕在化させている。言い換

えれば，わが国の学校教育は量的拡充が質的充実に優先して進められてきたということもできよう。

学制では全国を8大学区に区分し，各大学区に32の中学校を設置し，各中学区に210の小学校を設置するという構想であったが，財政的裏付けのない構想であり，実現はしなかった。

学校制度は幼稚小学（現在の幼稚園に相当），尋常小学（下等小学4年，上等小学4年），中学（下等中学3年，上等中学3年），大学と続くものであったが，実際には寺子屋と変わらないレベルのものや，極めて多様な形態での学校が存在していた。

1872（明治5）年に学制に続いて出された「小学教則」では，下等小学で学ぶ科目は綴り方・習字・読本・算術などいわゆる読み・書き・算に関する科目が中心とされ，上等小学に進むに連れて，史学・地理学・幾何・理学・化学・修身といった科目があげられていた。義務教育とされた小学校8年間で学ぶ全科目中，いわゆる理数系科目が全体の40％を超えており，当時の初等教育が江戸時代の教養主義的学びから，近代化を視野に入れた実学的学びへと方向転換されようとしていたことがうかがえる。

しかし，1879（明治12）年に出された「教育令」は，中央集権的であった学制を地方分権化し，就学義務も最低16ヶ月とするなどの自由主義的内容を盛り込んだものであったため，天皇の侍講であった元田永孚らはそれに反発し，天皇の名のもとに「教学聖旨」を下した。そこでは，西洋実学主義的教育が批判され，儒教主義に基づく仁義忠孝の徳育重視の教育の必要性が主張された。伊藤博文らはそれに反論し「教育議」を上奏するが退けられ，明治13年に「改正教育令」が公布された。改正教育令では「修身」が筆頭教科とされ，以後，森有礼による小学校令（明治19年）の交付，第二次小学校令（明治23年）等によって，修身科の時数削減や，兵式体操が導入されるなどといった若干の変遷はあったものの，1890（明治23）年に「教育勅語」（巻末資料参照）が渙発される明治中期以降，仁義忠孝を最高の価値とする天皇中心の国家主義的教育が戦前の学校教育を支配することとなる。

では，明治期においてはどのような方法で授業が行なわれていたのであろうか。江戸時代の武士の子弟のための教育機関であった藩校では，四書五経の素

読，講釈中心の学習であったものが，明治政府に雇用されていた「お雇い外国人教師」達の影響で，当時欧米で広く受け入れられていた啓蒙主義的教育方法が広く移入された。中でも，明治5年に東京に開設された官立師範学校に招かれたスコット (M. Scott) は，当時のアメリカで広く実践されていたペスタロッチ主義の教育の導入を強く求めた。「庶物指教」と訳されたこのペスタロッチ主義教授法は，従来の単なる知識の記憶を否定し，事物に即して，感覚に基づいてその概念を形成するという近代的な教授原理につながるものであり，アメリカ留学から帰国した井沢修二らによって広く普及させられることになる。

しかし，明治中・後期に入ると1887（明治20）年にヘルバルト学派であったハウスクネヒト (E. Hausknecht) が帝国大学で道徳性の陶冶を教育の目的とするヘルバルトの教育学を講じ，それは修身を核とする徳育重視の教育を進めようとしていた明治政府の方針と合致し，急速に普及していく。また，予備・提示・比較・総括・応用と5段階に区分されるいわゆる5段階教授法は，表面的な模倣が容易であった。当時の小学校では師範学校で教育を受けた教員はまだ少数派で，多くは代用教員であったため，形式的にこの教授法を広め授業の均質化を図ったという政策意図もあった。

明治前・中期においては，教育方法に直接関係する教科書の編さん・準備が十分ではなかった。東京の官立師範学校を中心に教科書の編さんが進められてはいたが，学校で使用されていた教科書の多くは文部省が編さん・作成したものではなく，民間で出版された翻訳物や福沢諭吉の「学問ノスヽメ」などが教科書として使用されていた。明治19年に教科書検定制度が導入されるまで，わが国の教科書は，実は多種多様なものが使用されていたのである。

明治30年代に入ると，教科書出版社と府県の採用担当者の間に贈収賄等の不正事件が多数発覚し（教科書疑獄事件），国は1903（明治36）年，小学校令を改正し教科書の国定化を決定した。しかし，対象は小学校教科書のみであり，中学校以上の学校段階では検定に合格した教科書の中から学校単位で選択する方法が取られていた。

この国定教科書制度とヘルバルト主義教育法が密接に結びつき，教師は5段階を意識しながら教科書の内容を子どもに伝え，記憶させるという教授形式がわが国の学校教育の主流となっていったのである。そこでは子どもからの問い

かけはほとんど認められず，国定教科書に記載された指導内容をいかに伝達するかが求められ，教師中心の形式化された授業が一般化されていった。

　19世紀末から20世紀初頭にはいると，ヨーロッパを中心に芸術家達により，「新教育運動」と称される教育改革運動が展開されるようになる。それは「20世紀は子どもの世紀」という言葉をスローガンにした芸術教育の改革から始まり，既存の知識の伝達や画法の伝授に重きを置くそれまでの教育を否定する画期的なものであった。日本においては，そのような運動は「大正新教育運動（または大正自由教育）」と呼ばれ，大正デモクラシーの時代背景とも相まって多くの成果を生み出した。

　中でも鈴木三重吉が1918（大正7）年に創刊した雑誌「赤い鳥」はわが国最初の児童文学雑誌とされ，北原白秋らの協力も得て，子どもたち自身が自分の言葉で感じたことを自由に文章で表現するという「生活綴方的教育法」の普及に貢献することになる。生活綴方的教育法は，子どもたちに自分の生活現実を見つめさせ，それを自分の言葉で綴らせ，仲間と共に考えることを目指したものであった。大正中期では都市部の子どもたちの作文教育の域を出なかったが，大正後期，昭和初期に入ると生活綴方的教育法は，厳しい生活現実にあった東北地方の教師たちによって，東北地方の貧困や格差の実態の本質を，子どもたち自身に自らの生活現実—生活台—を見つめさせることによって理解させようとする「北方性生活綴方運動」へと発展することになる。しかし，東北地方でのこうした運動は当時の政治体制の批判に繋がるとともに，東北弁で書くことを容認した北方性生活綴方は，共通日本語の普及を教育の重要課題としていた政府の方針に反することになり，徹底的な弾圧を加えられ衰退していく。

　しかし，北方性生活綴方運動は，山形県山元中学校の教員であった無着成恭が学級通信に連載した子どもの作文を編集・出版した「山びこ学校」（1951年）として復活していく。生活綴方的教育法は，書くことによる認識の深まり，書きたいことが書け，互いに認め合うことができる学級づくりの手法として継承され，関西地方では1970年代の東井義雄「村を育てる学力」，80年代の鹿島和夫「せんせい，あのね」などの著作を通じて小・中学校において広く実践されることとなる。近年，文科省の全国学力学習実態調査のB問題で問われる思考力，判断力・表現力の育成のために，文章を書くことの重要性が再び注

目されていることも付記しておきたい。

第3節　戦後の教育課程の変遷と教育方法

(1) 戦後教育改革期の教育課程

　第二次世界大戦の敗戦後は，GHQ（連合国軍最高司令部）が日本を占領統治することになるが，学校教育においても戦前の教育方針・制度を抜本的に改編する大規模な改革が行われた。戦前の複線型学校制度は廃止され，男女共学を基礎とする6-3-3-4制の単線型学校制度が採用された。また，戦前の軍国主義教育を助長したとされる修身・公民・地理・歴史が廃止され，1947（昭和22）年の「学習指導要領一般編（試案）」において，小学校の教科は国語・社会・算数・理科・音楽・図画工作・家庭・体育・自由研究の9教科とされた（自由研究は1951年に廃止）。社会科は，戦前の修身・公民・地理・歴史を一括して学ぶ教科ではなく，新しい民主主義国家建設のための新しい教科であると説明されたが，学校現場ではその意義が十分理解されるには至らなかった。今日でも，社会科は地理的分野，歴史的分野，公民的分野を段階的に教授しているに過ぎないという批判もあり，学校の全教育課程の中心的教科（コア・カリキュラム）としての社会科の在り方は議論される必要がある。

　また，同試案においては，中学校では国語・習字・社会・国史・数学・理科・音楽・図画工作・体育・職業（農業・商業・水産・工業・家庭）の10教科が必修とされ，外国語・習字・自由研究が選択科目とされた。しかし，戦後の混乱期であったこの時期は，いわゆる「墨塗り教科書」で授業をしなければならないような状況であり，学習指導要領は「試案」の域を出ていなかったといえる。

　1951（昭和26）年には「学習指導要領一般編（試案）」が改訂され，年間総授業数が小学校1～2年生870時間，3～4年生970時間，5～6年生1,050時間という目安が設けられた。上述のように自由研究は廃止され，「教科以外の活動」が設定されたが，その内容は各学校に任せられるのが実態であった。

　昭和20年代の教育課程政策では，アメリカによる日本の民主化の促進が目指され，教育方法は学校を単なる知識習得の場としてではなく，経験を通じて

社会変革と自己実現のスキルを習得する場として捉えるデューイ（J. Dewey 詳細は第 1 章参照）の経験主義的手法が重視されたものであった。しかし 1950（昭和 25）年に勃発した朝鮮戦争を契機とする米ソの冷戦の深まりは，アメリカの日本に対する教育政策を転換させることになる。同時に，経験主義的教育法は単に子どもに経験をさせているだけで基礎学力が定着できていないという批判も大きくなり（這い回る経験主義），昭和 30 年代に入ると系統的学習で基礎学力の定着を目指すという教育課程政策が前面に押し出されることになる。

1958（昭和 33）年に改訂された学習指導要領は，GHQ 廃止後，日本が初めて独自に実施した全面改訂であった。同改訂では，学習指導要領は文部省（現文科省）告示ではあるが，学校教育法の規定によって告示されるものであり，法的拘束力があるという見解が示されたことが重要である。つまり，学習指導要領は教育課程の基準ではあるが，それに反すれば処罰されることもあるということが公式見解とされたのである。

教育課程編成では，経験主義を否定し系統性重視の原則が示され，年間授業時数も小学校 6 年生で年間 1,085 時間（35 時間増）とされた。より重要な点は，学校で行われている道徳教育をさらに推し進めるという目的で「道徳」の時間が特設されたことである。教育勅語の精神を学校教育に復活させよという趣旨の運動は戦後一貫して行われていたが（教育勅語渙発説），冷戦の深刻化が，教育課程政策に影響を与えたことはいうまでもない。

中学校では，日本人の国民性を陶冶するという観点から，社会科，君が代の教育が重視された。社会科では地理的分野を 1 年生，歴史的分野を 2 年生，政治・経済分野を 3 年生で学習させることが原則とされ，特に歴史的分野では，日本史の学習に重点を置き，近代史については細部には立ち入らず概略に留めるとされた。この時期以降，近代史を深く教えないわが国の歴史教育が一般化されることになる。

冷戦の深刻化はアメリカにおいても学校教育に大きな影響を与えた。1957 年にソ連が人類初の人口衛星スプートニク 1 号の打ち上げに成功したことは，アメリカが科学技術教育でソ連に遅れを取っていることの証と捉えられ（スプートニク・ショック），アメリカはそれまでの経験主義的教育を転換することになる。これを契機に，アメリカでは経験主義が批判され「教育内容の現代

化」と呼ばれる科学技術教育の振興策が打ち出される。教育の現代化運動の理論的指導者ブルーナー（J. S. Bruner）は，特に理数系教科において，教材や指導法を工夫し，系統的に指導することによって，どのような発達段階の子どもにも教科内容を正しく教えることができると主張した。ブルーナーの理論は，1960年に出版された主著『教育の過程（The Process of Education）』によって大きな注目を集めた。

(2) 1960年代以降の教育課程

　アメリカの影響を受ける形で1968（昭和43）年に改訂された学習指導要領は（中学校は1969年，高校は1970年改訂），「現代化」がキーワードとなり，小学校の算数科では従来扱われてこなかった集合・関数・確率などが導入され，分数の四則計算の完成も中学校から小学校の6年生に早められるなど，学力水準向上策が取られることになった。授業時間数は，1958（昭和33）年改訂では中学3年生で年間1,120時間を最低とするとされていたものが，総授業時数1,155時間に改訂された。

　1960年代はいわゆる高度経済成長期と呼ばれた時代であり，所得倍増計画と相まって，学校教育は「現代化」という名のもとの競争主義，授業の過密化・高度化に陥っていく。「新幹線授業」や「落ちこぼれ」，「詰め込み教育」などという言葉も生まれ，行き過ぎた競争主義は，子どもの興味関心や人間性を育むことを置き去りにしているという批判も行なわれるようになった。1970年代にはこうした問題状況に対する反省をもとに「ゆとり」教育への方針転換が図られていくことになる。

　1960年代を象徴する「高度経済成長」は1970年代には陰りを見せることになる。70年代には，学校教育でも人間的な成熟が求められるようになり，それは「ゆとりと充実」をテーマとする改革が進められる要因となった。1971（昭和46）年に，中央教育審議会は「今後における学校教育の総合的な拡充整備のための基本的施策について」という答申（通称，四六答申）を発表した。この答申では，今後進められる改革を明治初期の第一の改革，戦後初期の第二の改革に続く第三の改革と位置づけ，個人の能力や適性に応じた選択履修のあり方，教育方法の改善などが提案された。

1977（昭和52）年に改訂された学習指導要領は（高校は1978年），基準の大綱化，すなわち学習指導要領では細部まで規定せず，学校で創意工夫をせよという方針で行われたものであり，年間授業時数も小学校6年生で70時間，中学3年生で105時間削減された。授業時数は大幅に減少したが，学校での教育時間は変更されなかったため，学校現場では「ゆとりの時間」や「創意工夫の時間」などと称される学校裁量の時間が生まれることとなった。これによって1977年に改訂された学習指導要領は「ゆとり指導要領」と呼ばれることになるが，2000年前後からの「ゆとり教育」に対する学力低下批判は，後述する1998（平成10）年改訂への批判が中心である。重要なのは，1998年に改訂された学習指導要領の20年前から，既に「ゆとり」の必要性が認識されていたということである。

　1977年改訂で生み出された学校裁量の「ゆとり」の時間ではあったが，実際には成果につながる実践は少なかった。それまで学習指導要領の法的拘束力を批判し，教育課程の自主編成を運動理念としてきた職員団体でも，いざ学校で決定できる時間を与えられると何をして良いのかわからない状況であったと総括していいであろう。一部の地域では市教育委員会が事例を示し，当該市立学校はすべてそれを踏襲するといった「言う通り」の時間と揶揄される状況も生じていた。しかし，ゆとりと学校での創意工夫を求める教育課程改革は，次の1989年改訂にも継承されることとなる。

　1989（平成元）年3月に小・中・高の学習指導要領が同時に改訂され（幼稚園教育要領も改訂），ゆとり教育の推進と「新学力観」が示された。「新学力観」とは，知識や技能の習得だけでなく，子どもの興味・関心・意欲・態度の育成や思考力・判断力・表現力の育成をも重要視する学力観であり，1998年改訂にも継承されていく学力観である。

　89年改訂では小学校1，2年生で生活科が新設された。生活科は，自分と身近な社会や自然との関わり，自分自身の生活について学ぶものとされ，幼稚園との連携や低学年児童の発達特性にあわせた指導を行うものとされた。あわせて，幼稚園では「自由保育」という言葉も用いられ，個性を伸ばす教育の必要性が強調された。生活科は，小学校1，2年生での理科と社会を廃止して設置されたものであるが，それを教科として位置づけるべきかどうか議論もなされ

た。最終的には教科となり，教科書も作成された。

　1998（平成10）年に改訂された学習指導要領は，2002年から完全実施とされた学校週5日制に対応するための教育内容の厳選（授業時数の削減），21世紀に求められる「生きる力」を育むための「総合的な学習の時間」の新設と中学での選択教科の設置を特徴とするものであった。

　教育内容の厳選の結果として年間授業時数は，小学6年生で1,015時間から945時間へ，中学3年生では1,050時間から980時間へと短縮された。たとえば中学3年生の理科はそれまで年間140時間とされていたものが80時間となり，1998年改訂の学習指導要領が「ゆとり指導要領」と批判される具体例となった。

　「総合的な学習の時間」は，1998年の教育課程審議会答申において「自ら学び考える力などの『生きる力』をはぐくむことを目指す今回の教育課程の改善の趣旨を実現する極めて重要な役割を担うものとして創設された」と述べられている。「総合的な学習の時間」の教育課程上の位置づけは，各学校において創意工夫を生かした学習活動であるとされ，児童生徒の興味・関心に基づく学習を原則とし，自ら課題を見つけ，自ら学び，自ら考え，主体的に判断し，よりよく問題を解決する資質や能力を育てることが目標とされた。このような趣旨から，当初は各学校における名称や教育内容についても国が内容や目標などを明示しないとされた。しかし，教科書もなく，各学校が児童生徒の実態に応じた取り組みを行うという新しい試みは，学校現場での困惑を生じさせることになった。これに対し，国は内容の事例として「国際理解」「情報」「環境」「健康・福祉」を挙げ，それらに横断的・総合的に取り組むことを求めた。

　また「総合的な学習の時間」の展開に当たっての配慮事項として，自然体験やボランティア活動などの社会体験，観察・実験，見学や調査，発表や討論，ものづくりや生産活動などの体験的な学習，問題解決的な学習を積極的に取り入れることとされた。授業時数は小学校3，4年生で年間105時間，5，6年生で110時間，中学1，2年生で70〜100時間，中学3年生で70〜130時間とされた。

　中学で導入された選択教科は，同答申で「生徒の能力・適性，興味・関心等が次第に多様化してくることに適切に対応する観点から，選択の幅を一層拡大

することが重要である」とされ，中学2年で0〜30時間，2年で50〜85時間，3年で105〜165時間を充てるとされた。選択教科の内容は，当初は既存の教科では扱えない（学習できない）内容を取り上げるとされたが，担当する教師の負担が増えることが課題とされ，次第に各教科の補充的・発展的学習へと方向が転換されていく。

　98年改訂の指導要領では，例えば中学3年生の選択教科と「総合的な学習の時間」を合わせると年間235時間となり，全授業時数980時間の24％を占めることになった。まさに，「生きる力」を育むために各学校が子どもの実態に応じて教育内容を創意工夫することが求められたのである。先に述べた中学3年生の理科の授業時数の減少も，「総合的な学習の時間」の中で従来の内容に体験，観察・実験を加えてより主体的に学ぶことで克服できると説明された。しかし，西村和雄によって1999年に出版された『分数ができない大学生―21世紀のニッポンが危ない―』では，98年の改訂が子どもを学びから遠ざけ，分数すらできない大学生が一層増加するであろうという厳しい批判が展開され，社会の大きな注目を集めた。

　「ゆとり指導要領」と批判されることになる98年改訂であったが，その批判は「総合的な学習の時間」や選択教科の創設の代替としての教科内容の厳選に対するものというより，教科書もなく「試験科目にない」総合学習に対する批判も多く含まれていた。いうまでもなく，各教科の内容の厳選の結果，教科書のページ数は縮小し，価格も抑えられ，教科書出版会社には受け入れ難い状況を生むことになった。入試に出ない総合学習は学習塾からも不評であり，それらの勢力が「ゆとり指導要領」で子どもはダメになるという風評を作り上げていった側面も見過ごしてはならないだろう。

(3) 2000年代の教育課程改革と21世紀型学力

　2000年代に展開される教育課程改革に大きな影響を与えたものの一つにPISA（Programme for International Student Assessment）調査がある。PISA調査とは経済協力開発機構（OECD）による国際的な学力調査のことで，2000年に第1回調査が行われ，以後3年ごとに実施されている。調査は各国の15歳の生徒に対し，科学的リテラシー，数学的リテラシー，読解力の項目ごとに

行なわれる。そこでは，単なる知識の量，正確さではなく，考える力，伝える力，類推する力など，いわゆる21世紀型学力を測ることが目的とされる。2003年に公表された第2回調査の結果では，わが国の順位は韓国を大きく下回り，第3回調査でも順位が下落し，いわゆる「PISAショック」と呼ばれる状況が生み出された。それは98年改訂の指導要領が，「わかりにくい『総合的な学習の時間』を設置し，教科の内容を『厳選』したことが原因だ」という「ゆとり教育」批判が高まる契機ともなった。

　2008（平成20）年に改訂された学習指導要領は（高校は2009年），ゆとり教育批判を受けて授業時間を小・中学校とも週1時間増加させた。同時に，21世紀型学力の重要性も認めたうえで，文科省は「ゆとりか詰め込みかではなく，基礎的・基本的な知識・技能の習得と思考力・判断力・表現力等の育成をバランスよく伸ばす」（文部科学省，2003）ことを目指していると説明したが，一般にはゆとり教育からの方向転換と受けとめられることが多かった。学校現場では，土曜休校のままで授業時間をどう捻出するのかという技術論に頭を悩ますことになった。

　2017（平成29）年3月に告示された新学習指導要領は（高校は2018年），知識基盤社会，グローバル化，AIの進展・普及を前提に，子どもたちに求められる資質・能力とは何かを社会と共有し（「社会に開かれた教育課程」），「知識の理解の質を高め，資質・能力を育む主体的・対話的で深い学び」をねらいとして改訂された。教育内容の主な改善事項としては，「言語能力の確実な育成」，「理数教育の充実」，「伝統や文化に対する教育の充実」，「道徳教育の充実」，「体験活動の充実」，「外国語教育の充実」が挙げられている。

　「社会に開かれた教育課程」とは，子どもたちに求められる資質・能力とは何かを地域社会と共有することであるという説明がなされているが（文部科学省，2017），逆説的に社会に閉ざされた教育課程という言葉を想起すれば，その意味が理解できよう。社会に閉ざされた教育課程とは，学校内だけで通用する教育課程，つまり試験や受験のための学びということになる。そうではなく，変化の激しい社会を生きる子どもたちにとって必要な資質・能力とは何かを，社会とのつながり，かかわりの中で共有していくという視点を持った教育課程編成が求められるということである。そこでの具体的な指導法は，ある時期ま

ではアクティブ・ラーニングと表現されていた「主体的・対話的で深い学び」ということになる。子どもたちは，学級内の対話だけではなく，地域の人々との対話等を通じて地域社会の課題を自らの関心に引きつけ，主体的に把握し，探究し，物事の本質に迫ることができる資質・能力を身に付けることが期待されるのである。

2017年改訂の学習指導要領における具体的改革としては，道徳の教科化「特別の教科道徳」と小学校5, 6年生における「英語科」の新設がある。道徳科の目標は「学校の教育活動全体を通じて行う道徳教育の目標と同様によりよく生きるための基盤となる道徳性を養うこと」とされ，学校現場では，校長が方針を明確にし，道徳教育推進教師を中心に指導体制の充実を図ることを求めている。

道徳が教科化する際に争点となった評価方法については，「他者との比較ではなく生徒一人一人のもつよい点や可能性などの多様な側面，進歩の様子などを把握し，年間や学期にわたって生徒がどれだけ成長したかという視点を大切にすることが重要」（文科省編「学習指導要領解説」）と記述されている。特に，教科担任制である中学校においては授業を担当しない担任もいる中で，生徒の多様な側面に配慮しながら，進歩の状況を把握できるのかという指摘もある。

小学校5, 6年生で新設される「英語科」については，「グローバル化が急速に進展する中で，外国語によるコミュニケーション能力は，これまでのように一部の業種や職種だけでなく，生涯にわたる様々な場面で必要とされることが想定され，その能力の向上が課題となっている」として，現状の課題が述べられている。そして，「聞くこと」，「話すこと」を中心とした外国語活動を通して外国語に慣れ親しむことを目的としてきたこれまでの外国語学習に加えて，発達の段階に応じて段階的に文字を「読むこと」及び「書くこと」を加えて総合的・系統的に扱う学習を行うことを目指して教科化されたという説明が行われている。

英語科の授業は担任教員が行うとされ，ALTなどの外国人教員は補助的な役割のままとなっている。既に小学校教員に対する英語科研修も始まっているが，個々の教員間の指導力には差があるのが現状である。教科書も用意されるが，例えば1中2小[1]の中学校区だと，小学校教員の指導力の差によって，2

つの小学校間の英語の到達度が大きく異なることも予想される。中学校英語科教員による小学校での指導などが求められるが，そのための人的措置は具体化しておらず，結果として学校間格差が広がることも懸念されている。

第4節　何ができる子どもか，を共有すること

　2017年に改訂された学習指導要領は，「生きる力」を育むことを目的として大幅な改訂を行った98年学習指導要領の理念をより時代に沿う形で具体化したものといえる。「社会に開かれた教育課程」とは，子どもの学びは学校内だけで行われるものではなく，地域の人々との課題の共有を軸とした，学び合いを意味するといってもいいだろう。

　教育方法の観点からは，何ができる子どもか（can do）の発想が求められている。具体的な例として，施設一体型小中一貫教育校である品川区立日野学園や京都市立東山開晴館小中学校で実践されている9年生（中学3年）での卒業研究を挙げることができる。そこでは，9年生一人ひとりが自らの興味関心に沿ったテーマを設定し，探究活動を行い，教員や同級生のみならず，下級生や保護者，地域の人々も参加する場で発表を行う。これらは大学での卒業論文に近い要素を持つが，そこで重要とされるのは，自分でテーマを設定し，探究し，発表するという学習のプロセスであり，それができる15歳の子どもを育てるという目標を，義務教育に関わる全ての教職員が共有することである。

　これは「逆向き設計の学力観」といわれるものであるが，これまでわが国では，基礎・基本の徹底という言葉に示される積み上げ式の学力観が主流であり，義務教育の最終段階である15歳の子どもは何ができる子どもかという発想は希薄であった。加えて，18歳で選挙権を有することになった今日では，自分で考え，判断して投票行動ができる18歳が，全ての教育関係者が共有する目指す子ども像といってもいいであろう。そのうえで，15歳は何ができる子どもか，12歳では何ができる子どもかを，逆向きに想定しながら教育が行なわれなければならないのであろう。

1）1つの中学校に，2つの小学校の児童が進学すること。

参考文献

松下佳代・京都大学高等教育開発推進センター編著　2015 年　『ディープ・アクティブ
　　ラーニング』　勁草書房
水原克敏　2010 年　『学習指導要領は国民形成の設計書』　東北大学出版会
文部科学省　2003 年　「すぐにわかる新しい学習指導要領のポイント」
文部科学省　2017 年　「学習指導要領改訂のポイント」
吉富芳正編　2017 年　『社会に開かれた教育課程と新しい学校づくり』　ぎょうせい

現代社会と学校
―変わる学校, 変わる教育―

8 地域とともにある学校づくりとは何か
―コミュニティ・スクールを中心に―

第1節　学校評議員制度，学校運営協議会の制度化

　世紀の転換期を迎えようとしていた2000（平成12）年4月，学校教育法施行規則の改正が行われ，「開かれた学校づくりを一層推進していくため，保護者や地域住民等の意向を反映し，その協力を得るとともに，学校としての説明責任を果たす」ことを目的とする学校評議員制度が法制化された。いわゆるバブルの崩壊からの立ち直りの兆しも見えていなかった当時，学校現場でも不登校やいじめなどの病理現象が大きな問題となっていた。学校の常識は社会の非常識という言葉に代表されるように，学校はあまりにも一般社会からかけ離れた論理で動いており，もっと地域や保護者の意見を取り入れた協働統治（governance）をすべきであり，加えて公立学校は税金で運営されているのに情報公開が不十分であり，もっと説明責任（accountability）を果たすべきであるなどという批判が「開かれた学校」というフレーズに凝縮され，民間人校長の導入を始めとする様々な施策が，教育改革国民会議を中心に展開されたのであった。

　学校評議員は，学校教育法施行規則第49の2において「学校評議員は，校長の求めに応じ，学校運営に関し意見を述べることができる」と簡潔にその目的が記されているが，文科省の補足説明によれば「開かれた学校づくりを一層推進していくため，保護者や地域住民の意向を反映し，その協力を得るとともに，学校としての説明責任を果たす」ためのものとされている。

　同制度は，当該学校の職員以外の者が校長の推薦によって学校に意見を述べることを担保した画期的な制度であるという評価もあったが，実際にはそれが「評議員会」といった合議体ではなく，個人として校長に助言をするという性

格であったこと，さらには学校としての説明責任を果たすための制度，つまり学校の情報を外部へ発信するための制度と位置づけられたため，学校運営への参画を目指すものではなく，法定後20年近くが経過した現在では，学校評価を担当することが役割といった学校が多く，協働統治の確立を目指す制度とはなり得ていないのが現実である。

続いて2004（平成16）年3月には中央教育審議会が，答申「今後の学校の管理運営の在り方について」において，地域が学校運営に参画するための学校運営協議会を設置した新しいタイプの公立学校の設置を提言した。現在では，学校運営協議会を設置した学校を教育委員会の判断によって，「コミュニティ・スクール（地域運営学校）」と称することができるとされている。学校運営協議会は，2004年地方教育行政の組織及び運営に関する法律の改正によって法制化されたが，当時，文科省はその導入意義として「従来，教育は，学校と家庭が両輪となって協働して進めるものである，ということが言われてきたが，学校運営協議会制度の理念は，学校・家庭・地域・行政（教育委員会）の四者が一体となって進めていくべきものである」と説明している。

具体的には地方教育行政の組織及び運営に関する法律（以下，地教行法と略す）第47条の5において，

①校長の作成する学校運営の基本方針（教育課程の編成等）の承認を行う。
②学校の運営に関して，教育委員会又は校長に意見を述べる。
③教職員の任用に関して，任命権者に意見を述べる。

とその役割が例示されていたが，同法は平成29年4月に部分改正され（47条の6），第3項は「教職員の任用に関して，教育委員会規則に定める事項について，任命権者に意見を述べる」とされた。これについては，教職員の任用に関して学校運営協議会が意見を述べるということに対して，依然として抵抗が大きいため，当該教育委員会規程で細部を定めて良いとした，と説明している（詳しくは文部科学省，2017を参照のこと）。また第5項に「対象学校の運営及び当該運営への必要な支援に関する協議」という文言が追記されている。

平成29年の改正は，全国すべての学校をコミュニティ・スクールとする―設置努力の義務化―という文科省の方針変更（それまでは全体の1割程度を目標としていた）による側面と，教員の負担軽減を目的とするものであるが，詳

しくは後述する。

　やや総括的にいえば，コミュニティ・スクールとは地域住民，保護者が学校運営に参画する新しいタイプの公立学校であり，それは学校を設置する地方教育委員会の判断により設置可能であり，学校運営に地域住民，保護者が参画するための制度的保障として設置されるのが学校運営協議会であるということになる。学校運営協議会は，法律で教職員の任用に関して一定の影響力をもつことが規定されており，別の表現をすればコミュニティ・スクールとは，公立学校ではあるが教育委員会の管理から離れ，地域住民，保護者，教職員が一体となって（協働して）運営する学校ということができる。

　また，2014 年の地教行法改正によって，従来の教育委員長と教育長を一本化した新教育長が設置され，教育行政の責任体制の明確化という名目のもとに，首長が招集し，首長と教育委員会で構成される総合教育会議が設置されることになり，教育行政における首長の権限が拡大することとなった。しかし，首長の権限が拡大するということは，選挙で首長が交代するたびに教育行政の方針が変更されることも予想され，学校経営の基本部分は地域住民，保護者，学校が協議して継続的な教育活動を支える仕組みが必要であるという，いわば首長の権限増大に対するカウンターパートとしての学校運営協議会の必要性も広く認知されるようになった。

　同時に，学校が地域と子どもの実態に応じた教育を展開するためには，地域住民，保護者，教職員が協力して学校，もしくは中学校区で地域と連携した「社会に開かれた教育課程」の編成や実践に取り組むことの必要性も論じられ，2017 年には地教行法が改正され，学校運営協議会の設置努力義務が明記されることになったという理解も重要である。

　加えて，教員の負担軽減のために地域が学校を支援するという方針も明確に打ち出されている。前述したように，2017 年の地教行法改正では「必要な支援」という言葉が追記されたことに加え，所管が生涯学習局へと変更された。2017 年 11 月 28 日に出された中教審特別部会の中間まとめでは，文科省に教員の勤務時間の上限目安を盛り込んだガイドラインの作成を求めたうえで，学校以外が担うべき業務として「登下校に関する対応（見守り）」「放課後から夜間の見回りや児童生徒が補導された際の対応」「地域ボランティアとの連絡調

整」等が挙げられ，負担を軽減すべき業務として「児童生徒の休み時間の対応」「校内清掃」「部活動」「学校行事などの準備・運営」等が挙げられており，それらの「支援」を学校運営協議会に期待されることとなることは想像に難くない。

　コミュニティ・スクールには「社会に開かれた教育課程」という言葉に代表されるように，地域と子どもの実態に応じた教育を，地域・保護者との連携で実現しようとする教育論からの要請と，学校運営に地域住民，保護者が参画することで教育力のある地域を創り，権限が強化された首長指導の行政に対する学校自治を体現するカウンターパートとしての政策論からの要請があるが，今回の法改正は学校運営協議会を学校の支援者として位置づける教育論の側面が強く打ち出されたものということもできる。

第2節　コミュニティ・スクールの始まりと現状

(1) コミュニティ・スクールのスタート

　わが国で始めてコミュニティ・スクールとなったのは東京都足立区立五反野小学校とされるが，同校は2002（平成14）年度から文科省の「新しいタイプの学校運営に関する実践研究」の研究指定を受け，地域検討委員会やコミュニティ・スクール委員会を設置し，新しいタイプの学校づくりに取り組んでいた。平成15年1月には学校理事会を設置し，コミュニティ・スクールとしてスタートすることとなるが，同校が学校運営協議会ではなく学校理事会と称したのは，そのモデルをイギリスの学校理事会（school governing body）に求めたからである（同校はその後統合の後，閉校となった）。

　イギリスの学校理事会は1944年教育法でその設置に関する規程があるが，実際には学校経営にそれほど影響力のある制度ではなかった。1988年に制定された教育改革法は，当時のサッチャー（M. Thatcher）首相の新自由主義的教育改革の具体化として成立したものであったが，その中心的施策が教育委員会を廃止し，全ての公立学校に地域住民，保護者，教職員，行政関係者からなる学校理事会（school governing body）を設置し，それを公立学校の最高意思決定機関とするというものであった。

第2節 コミュニティ・スクールの始まりと現状

　イギリスでは，富裕層はその子女をパブリックスクール（public school）に代表される私立学校に通わせることが一般的で，公立学校には高等教育への進学意欲も低い貧困層の子女が通学することが当然のような状況であった。サッチャーは，競争原理を導入することで公立学校を活性化しようと考え，個々の公立学校の創意工夫を可能とする制度の必要性を主張したのであった。

　1988年教育改革法以後，学校予算は児童生徒数に応じて総額で各学校に配当され，その配分は学校理事会で決定し，教職員の採用人事も学校理事会で行うとされた。それは全国レベルで導入された学校選択制とセットで，競争原理によって公立学校を活性化しようとする政策意図の具体化であった。保護者の選択権の保障という新自由主義教育政策の具体化のためには，個々の学校の裁量権―地域の実態に応じた多様化の促進―の拡大が不可欠であるという考えからの政策であったということができる。

　わが国のコミュニティ・スクール導入に大きな役割を果たしたのは，当時教育改革国民会議の委員であった金子郁容慶応義塾大学教授（当時）と，以前金子と大学の同僚でもあった鈴木寛元参議院議員であった。彼らはアメリカのチャータースクールとイギリスの公立学校改革を詳細に研究し，基本的にはイギリスの学校理事会をモデルとした学校運営協議会を構想したとされる。地教行法によって学校運営協議会が法定されるのはそれから半年後であり，時系列的にも五反野小学校が自らを学校理事会と称し，イギリスの学校理事会をモデルとしたことはむしろ自然であったと言うべきであろう。

　五反野小学校学校理事会の初代理事長である大神田賢次が著した『日本初の地域運営学校』（長崎出版，2005）は，「それでは法律に規程されている校長の職務権限はどうなるんだ。」「校長さん，これは学校の改革でなくて，革命なんだ！」という理事会の議論場面から始まる。当初の理事会は，地域代表3人，保護者代表3人，校長，教職員3人（校長の推薦），行政代表1人で構成されていたが，議論の結果として学校理事会は校長の公募制を導入し，翌年度からは民間出身の校長が誕生することになる。この結果は，学校理事会がその意に沿わない現任校長を解任し，新校長を任命したという受けとめられ方をし，特に教職員団体は，学校理事会は学校教育の中立性を損なうおそれがあるとして，今日までコミュニティ・スクールには慎重な態度を取り続けていることの最大

の要因となった。なお，コミュニティ・スクールは，文科省は当初は全国で3,000校の開設を目指すという方針を打ち出していたが，平成29年4月時点で3,600校に達し，設置努力義務化と相まってその数は益々増加すると思われる。

(2) コミュニティ・スクールの現状

表8-1は2017年4月時点での学校種別のコミュニティ・スクール指定状況である。小中学校は全国で約30,000校であるから開設率は約11%，高校は約5,000校であるから開設率は約1.3%となる。都道府県単位で見ると，東北地方には開設数が少なく九州地方には比較的多く見られる。導入率（当該都道府県内の学校数を分母，コミュニティ・スクール数を分子にしたもの）では，山口県が100%，大分県73.3%，熊本県48.7%などが高率であるが，福井県では0%，青森県では2.4%となっている。福井県では「福井型コミュニティ・スクール（家庭・地域・学校協議会）」と称される独自の形態での協議会があるが，文科省のいうコミュニティ・スクールには当たらないという県教育委員会の判断で設置数は0となっている。京都市はすべての市立小学校はコミュニティ・スクールであり，中学校も約70%がコミュニティ・スクールになっている。

この「地域差」の原因については，極めて複雑な背景があることはいうまでもないが，その第一は学校運営協議会が教職員の任免に関して関与できることへの「警戒心」であろう。地域のボス的な人物が学校運営協議会の委員となった場合，その委員の意向が人事に反映される危険性があり，教育の中立性が損

表8-1 コミュニティ・スクールの指定状況（2017年4月）

	指定校数	増加数（前年度比）
幼稚園	115	6園増
小学校	2300	481校増
中学校	1074	239校増
義務教育学校	24	17校増
中等学校	1	1校増
高校	65	40校増
特別支援学校	21	10校増
合　計	3600	794校増

（文部科学省ウェブサイト　http://www.mext.go.jp/a_menu/shotou/community/shitei/detail/より）

なわれるのではという危惧である。例えば，福井県の家庭・地域・学校協議会に関する規程ではその活動内容として，

①具体的な学校運営に関すること
　・学校教育目標，学校運営方針，教育課程の編成等
　・教育内容や学校行事等の企画・運営
　・地域の特性に応じた特色ある学校づくり
　・教育活動への地域人材の積極的活用
②学校評価に関すること
③地域の行事や活動への児童・生徒，教職員の参加に関すること
④子どもの安全や居場所づくりに関すること
⑤家庭や地域全体の教育に関すること
⑥異校種間（保・幼・小・中・高）の連携に関すること

が挙げられているが，地教行法に規定された「教職員の任命に関して任命権者に対して意見を述べる」権能は記述されていない（福井県教育委員会，2016）。

　地教行法に規定された教職員の人事に関する権能についての理解のあり方は，コミュニティ・スクールの開設数の地域間格差の大きな要因となっている。またそのことは，教育委員会がコミュニティ・スクールに「何を期待するのか」ということの反映ともいえる。次節では，この人事に関する権能を分析軸として関西型コミュニティ・スクールと関東型コミュニティ・スクールに類別し，考察を進める。

第3節　教職員の任用における学校運営協議会の権能

　前述したように，コミュニティ・スクールは，そのモデルがイギリスの学校理事会であったように，基本的ねらいのひとつは，教職員の人事を含めた学校運営への地域住民，保護者の参画を実現することであった。五反野小学校が校長公募制を採用したのも，地域住民が学校運営の基本方針を決定すべきであるという判断からである。しかし，これまでのわが国の公立学校は，文科省―都道府県教育委員会―市町村教育委員会―学校長という縦の指揮命令系統で運営されてきており，そこで優先されたのは平等性・均質性であった。それに対し，

五反野小学校の学校理事会は、学校運営に地域住民、保護者が積極的に参画し、地域の特性に応じた教育を展開するために学校裁量権を拡大しようとするものであった。しかし学校現場には、「地域のボス」が委員として学校運営に関与する可能性もあり、結果として学校教育の政治的中立性がおびやかされるのではという懸念が少なくなく、学校運営協議会の設置を進めようとする国と教育委員会、教職員、職員団体との間に軋轢を生じさせることになる。

今日、東京都を中心とする関東圏では、地教行法に規定された権限（学校運営の基本方針に対する承認、教職員の任命に関して任命権者に意見を述べる）通りの規程に基づく学校運営協議会が多く設置されているが、背景には、東京都 23 区のうち 17 区が学校選択制（自由選択制、隣接区域選択制を含む）を導入していることがある。学校選択制を機能させるためには、公立学校が「金太郎飴」のように皆同じではなく、地域と子どもの課題に応じた多様性があることが求められる。つまり、保護者に対して選択の根拠を明示することが必要となるのである。そのためには、地域、保護者の代表が積極的に学校経営に参画し、地域と子どもの実態に応じた学校づくりを進めることが求められるのであり、学校運営協議会は多様性を実現するために必要な制度となる。

それに対し京都市では、当時の門川教育長（現市長）は「京都の学校運営協議会は、学校の応援団です。学校をまな板に乗せ、批判するための制度ではありません。地域と学校が共に汗をかく『共汗関係』を築くことが狙いです」（京都市教育委員会，2007）と述べ、学校運営協議会は学校と協力して子どもの育ちを支えるための制度であると説明している。

「京都市立学校における学校運営協議会の設置等に関する規則」平成 16 年 11 月 26 日教育委員会規則第 3 号には、

> 第 8 条　校長は、次の各号に揚げる事項について、協議会の承認を得るものとする
> 1．教育目標及び経営方針
> 2．教育課程の編成に関する基本方針
> 3．予算の編成に関する基本方針
> 4．その他校長が必要と認める事項

とあり、続いて

> 第9条 協議会は，設置校の運営に関する次項について教育委員会又は校長に対して意見を述べる事ができる。
> 2．協議会は，別に定めるところにより，設置校の職員の採用その他の任用に関する事項について，教育委員会に対して意見を述べることができる。
> 3．協議会は前 2 項の規程により教育委員会に対して意見を述べるときは，あらかじめ校長の意見を聴取するものとする。

と述べられている。

京都市教育委員会の管理規則は，上位法である地教行法の規程は当然遵守してはいるが，「あらかじめ校長の意見を聴取するものとする」という文言を加えることで，学校運営の責任者である校長の意見抜きで，運営協議会が人事に関する意見を教育委員会に述べることはできないという独自のルールを加味している。この工夫の背景には，京都市には「FA 制度・公募制度」と呼ばれる以下のような独自のシステムがあるからでもある。

① 教員公募制度（学校運営協議会を設置している学校で，希望する学校が基礎条件。採用 6 年以上，現在校 3 年以上勤務の教員が基礎条件）
　→転入者を希望する学校が，「希望する人材」をホームページ等で公募し，その条件を見て応募してきた教員を学校が独自に選任する。（通常 1 名まで）
② FA 制度（採用 10 年以上，現任校 3 年以上を基礎条件とした異動システム。FA 宣言し名簿に記載されると，招聘したい学校と個別に交渉でき，自分で異動先を決定できる。）
③ 学校予算のキャリーオーバー制度（学校配当金の年間 40 万円までを次年度にキャリーオーバーできる制度）

京都市立小学校は 100％，中学校も 70％近くがすでにコミュニティ・スクールであり，今後もその数は増加することが確かである。その背景には，京都市には，学制制定以前から町衆が自宅の竈の数に応じて基金を出し合い（竈金），番組（ブロック）ごとに小学校を作っていた伝統があり（番組小学校），学校が地域に根づきやすいと説明する教育委員会関係者もいる。京都市の伝統に加えて，学校運営協議会の性格を，学校の応援団，辛口の友人と性格づけ，さらに学校管理規則で上に述べたような文言を追記することで教職員，教職員団体

の「反発・警戒」を小さくしている側面が確かにある。

　これを「京都市型コミュニティ・スクール」と呼ぶこともできるが，地域，保護者が人事に関与することに警戒心をもつ人々が少なくないわが国では，一足飛びにイギリス型の学校理事会が有する権限を学校運営協議会に付与し執行することは，過剰な批判や警戒心をもたらすことも予想され，そこには「京都人の知恵」が感じられる。平成29年4月の地教行法改正で「教職員の任用に関して，教育委員会規則に定める事項に関して，教育委員会に意見を述べることができる。この場合において，当該職員が県費負担教職員であるときには，市町村教育委員会を経由するものとする」（下線部が追記された）とされたことの理由として「（協議会が教職員の任用に意見を述べることは）一部に教職員人事や学校運営の混乱につながるのではないかとの懸念が示されており，（中略）教職員の任用に関する意見については各学校の特色や地域の実情等を踏まえつつ，どのような事項を協議会による意見具申の対象にするかについて，各教育委員会の判断に委ねることが適当と考えられる」（文科省：地教行法第47条の6条文解釈より）と説明している背景には，京都市の事例も大きく影響を与えていると思われる。

第4節　小中一貫教育とコミュニティ・スクール

　小中一貫教育に取り組む関係者の間でも，小中一貫教育は手段であるという声をよく耳にする。おそらく現時点ではそれは妥当であろうと思われる。ひとつには，小中一貫教育は教育課程の構造的理解を通した教師の指導力向上を目指す取り組みであり，それによって教師はわかる授業を実現し，子どもが学びに向き合い，学力が向上するという構造だからである（小中一貫教育については第12章を参照）。

　それに対し，「地域とともにある学校づくり」（コミュニティ・スクール）は，学校運営に教職員，保護者，地域が一体となって参画し（スクールガバナンス），学校教育の質的向上を図るというものであり，まさに目的そのものである。結論的に言えば，中学校区を単位として，小・中学校がネットワークを作り，教職員が互いに支援しあう体制を作ることによって，初めて地域住民と保護者が

第4節　小中一貫教育とコミュニティ・スクール

学校を信頼し，課題を共有し，学校を支援することができるのである。その意味では，小中一貫教育とコミュニティ・スクールは不可分の関係にあるというべきであろう。

「コミュニティ・スクール等の推進に関する調査研究協力者会議」の「小中一貫教育を推進する上での学校運営協議会の在り方について」第一次報告（平成26年11月）では，

> ○地域から見た子供の育ちは各学校単位で収まるものではなく，小学校と中学校の接続をはじめとする周辺校との連携は，地域とともにある学校づくりを考える上で重要なテーマとなる。すでに多くの地域において，地方公共団体における小中一貫教育の取組により，複数の小学校・中学校が連携して，9年間を通じた子供の育ちを実現する教育が推進されており，学力向上やいわゆる中1ギャップの緩和（不登校，いじめ，暴力行為等の減少，中学校進学後に不安を覚える生徒の減少等），教職員の指導方法への改善意欲の向上，保護者や地域との協働関係の強化など，様々な効果も報告されている。
> ○現在，小中一貫教育に取り組んでいる学校は，地域コミュニティとの関わりの中で取り組んでいる事例が多く，文部科学省が平成26年に実施した「小中一貫教育等についての実態調査」の結果によると，小中一貫教育を実施している学校において，地域や保護者との協働関係を強めることを目的に取り組んでいる事例として，コミュニティ・スクールを導入している学校が15％，コミュニティ・スクールの組織を小中合同で設けている学校が7％，コミュニティ・スクールの導入に向けた検討を行っている学校が4％，という状況であった。こうした中学校区を1つの運営単位（地域との連携単位）と捉えたコミュニティ・スクールの広がりの中で，地域ぐるみで子供たちの9年間の学びを支える仕組みが有効に機能している。

と述べ，小中一貫教育とコミュニティ・スクールを一体的に推進することの重要性を指摘している。全国のいくつかの地域では，中学校区の小中学校を全てコミュニティ・スクールとし，「学園」を構成し，地域と一体となった取り組みを進めている。表8－2は，東京都三鷹市と福岡県春日市の事例をまとめたものである。

三鷹市では，全ての中学校区（6中学校区）に学園名称をつけ，中学校区にコミュニティ・スクール委員会（学校運営協議会）を設置している。各学園は，小中学校とも校務分掌を，①教務部，②生活指導部，③研究推進部，④進路指導部，⑤健康教育部，の5つにまとめ，それぞれの部の主任が3校主任会を構成し，学園長（校長代表），副学園長（校長2名），副校長（3名），主幹教諭，一貫コーディネーターとで学園運営委員会を構成している。

コミュニティ・スクール委員会は学園に1つ設置され，例えば三鷹中央学園

表8-2 小中一貫教育に取り組むコミュニティ・スクールの例

東京都三鷹市	・中学校区の小・中学校で「学園」を構成し，小中一貫教育を推進。 ・各学校に学校運営協議会を置きつつ，学園単位の合同会議（○○学園コミュニティ・スクール委員会。学校運営協議会委員全員が同委員会のメンバー）を開催。 ・合同会議で学園としての目標等を共有。学園の運営状況等について学校関係者評価を行うとともに，部会（支援部，地域部，評価部，広報部等）を設けて学校支援活動を実施。 ・合同会議を開催することで，学園で子供を育てていく意識が地域の方々で共有され，小中一貫教育の視点で学校運営への意見をもらうことができている。
福岡県春日市	・各小・中学校に学校運営協議会を置きつつ，中学校ブロック学校運営協議会を組織し，中学校区共通の教育目標を掲げ，取組を実施（各小・中学校の学校運営協議会委員の代表3～4名が中学校ブロック学校運営協議会委員として参画）。 ・中学校ブロック学校運営協議会の委員は，中学校ブロック学校関係者評価委員も兼務し，連携した取組について評価を実施。 ・校区全体で子供を育てる意識の醸成，小中9年間を見通した系統的・統一的教育活動の展開，小・中学校間での情報・行動の連携の促進などの成果。

コミュニティ・スクール委員会は，会長，副会長（2名），学園評価部（学校評価の実施・分析を担当），学園支援部（学習ボランティアの管理運営，補習教室の推進を担当），地域コーディネート部（地域人材を学校へつなぐためのコーディネート，学校と地域のつながり，人のコーディネートを担当）から構成されている（他5つのコミュニティ・スクール委員会もほぼ同様の構成である）。

コミュニティ・スクール委員会の役割は，

・学園及び各校の基本方針についての承認
・学園及び各学校の学校評価の実施・分析
・学習ボランティアの管理運営
・三鷹中央学園パワーアップアクションプランの企画・立案

を行うものとされている。

春日市の春日中学校区では，春日中学校，春日小学校，須玖小学校の3校にそれぞれ学校運営協議会を設置し，学識経験者，行政代表（教育委員会，首長部局職員），各校学校運営協議会委員のうち，地域代表，保護者代表，校長，教頭から構成される中学校区ブロック運営協議会を設置している。春日中学校ブロック運営協議会は，自ら学ぶ力育成部（家庭学習の進め方の作成・徹底，3校合同授業研究会の実施を担当），自ら人と関わる力育成部（あいさつキャン

ペーンの実施，中学生による読み聞かせを担当)，自ら体をつくる力育成部(校区一斉お弁当の日実施，中学生リーダーによるラジオ体操の実施担当)，自ら命を守る力育成部（安全パトロール，登下校指導担当）を設置し，中学校区を単位（ブロック）とした取り組みを進めている。両市に共通するのは，中学校区を単位とした地域と一体となった学校づくりを進めている点にある。逆にいえば，中学校区を単位とできる小中一貫教育の取り組みがあるからこそ，中学校区としてのコミュニティ・スクールの取り組みを進めることができているのである。

第5節　コミュニティ・スクールの課題

　2017（平成29）年の地教行法の改正によって学校運営協議会の設置努力が義務化され，今後はその数は飛躍的に増大することが予想される。文科省は，全国すべての学校をコミュニティ・スクールにするという方針を固めており，すべての学校に学校運営協議会が設置される日も近いと思われる。

　京都市ではすべての小学校はコミュニティ・スクールであるが，その制度，活動実態は多様である。典型的には，地域代表，保護者代表，PTA代表，校長からなる理事会を最高決定機関として設置し，そのもとに放課後学び舎などを企画運営する「学力部会」，登下校見守り隊などを企画運営する「安全部会」，学校美化や備品の整備を担当する「学校美化部会」などを設置し，各部会の代表も理事会のメンバーとなって実際の活動に従事するという形態をとるものが多い。

　しかし，たとえば学校運営協議会会長を地域の代表者から選出するのか，PTA会長に兼任させるのかでは大きく協議会の性格は異なることが考えられる。具体的には学校運営協議会とPTAの関係性である。一般には，学校運営協議会理事会が方向性と具体的取り組みを決定し，PTAがその実動体となることが多いが，両者の意思疎通が充分なされていない場合は，地域の思いと保護者の思いがひとつにならず，不毛な討議に時間を費やすことになることもある。

　協議会委員の任期も同様である。一般に地域代表委員は社会教育関係団体の

長である場合が多く，長くその職に留まっている人も少なくない。そういう人材が協議会の委員となった場合，長期在任委員となり，組織の活性化が危ぶまれる危険性もある。

　全国レベルでは，地域の実態によって学校運営協議会の組織的多様性は認められるべきであろう。しかし，最も重要なことは学校運営協議会に何を期待するのかということである。学校運営協議会（またはその類似組織）に人事に関する権限を付与しない自治体では，学校運営協議会（またはその類似組織）に期待するのは「学校のお手伝い」なのであろうか。学校運営協議会は地域と学校が一体となって子どもを育むための制度である。2017年の地教行法改正で，学校運営協議会の設置努力義務化に加えて，「学校運営への必要な支援について協議すること」もその権能に加えられたが，それは「学校運営に関することについて協議し，意見を述べる役割」に加えて新たに加えられたもので，登下校見守り隊や放課後学習ボランティアなどの「支援」にその目的を限定するためではない。

　加えて，学校運営協議会を設置した学校にとって重要なことは，正しい意味での「学校評価（PDCA）」の機能化であろう。計画（plan）はまず学校と地域の現状把握（assessment）から始められなければならない。実際は，校長は通常3年ごとに異動するので，学校と地域の現状把握にかける時間はなく，結果として前任者の計画を踏襲するか，「自ら考え，自ら行動する子どもを育てる」のようなスローガン的学校教育目標を「計画」としてスタートすることが多い。

　そのような計画下での実践（do）は，新しい試みには消極的で，結果として前年度踏襲型の実践となる。評価（check）は新しい取り組みを評価し，次年度の改善行動（action）につながるものでなければならないのだが，「学校は楽しいですか」「先生はわかりやすく教えてくれますか」などの満足度調査となっていることが多いのは，計画が抽象的で実践も変革的でないことが多いからである。

　「学校評価」は学校の目標を具体的に数値化したうえで，改善行動につながる評価活動であらねばならない。評価は批判ではなく，被評価者（学校，教職員，子ども）の改善につながるものでなければならないのである。学校運営協

議会は，学校裁量権を行使しうる組織である。それを効果的な組織とするためには，現状把握に基づく計画を，具体的到達目標を示しながら立案し，実践し，そして改善行動につなげる評価を循環的に行う PDCA の機能化が不可欠なのである。それがなされないのであれば，学校運営協議会が形骸し，逆に地域から見放されてしまうことにもなりかねないことを付記しておきたい。

参考文献

福井県教育委員会　2016 年　「平成 28 年度「福井型コミュニティ・スクール推進事業」実施要項」

仲田康一　2015 年　『コミュニティ・スクールのポリティックス』　勁草書房

奥村俊子・貝ノ瀬滋　2006 年　『子ども・学校・地域をつなぐコミュニティ・スクール』学事出版

大神田賢次　2005 年　『日本初の地域運営学校』　長崎出版

佐藤晴雄　2016 年　『コミュニティ・スクール──地域とともにある学校づくりの実現のために』　エイデル研究所

京都市教育委員会編　2007 年　「地域ぐるみの学校運営協議会」

9 学社連携の現状と課題

第1節　学社連携・融合から地域学校協働活動へ

(1) 学校教育と社会教育の連携・融合

　戦後，学校教育と社会教育を「車の両輪」とする教育制度が整備され，社会教育においては成人や勤労青少年に対する教育が振興されたが，高度経済成長による社会変動は，高校・大学への進学率を上昇させる一方，家庭の教育力の低下や学校と地域との関係の希薄化などを生じさせ，小中高等学校に在学する児童生徒（在学青少年）に対する社会教育を本格的に行う必要が認識されるようになった。1974年の社会教育審議会建議は，「学社連携」の考え方を打ち出し，在学青少年のために，学校教育と社会教育がそれぞれ独自の教育機能を発揮しながら連携し，相互に補完的な役割を果たすことの重要性を指摘した。

　1960年代から1970年代には国公立の青少年教育施設の設置が進み，学校による活用が促進された。地域住民の学校施設利用などの学校開放も行われるようになり，1980年代の臨教審答申も「開かれた学校」の考え方を推し進めた[1]。

　しかし社会教育の制度的・財政的基盤は弱く，地域による差も大きい。優れた実践例も見られる反面，学校とのつながりが弱い地域も多い。このため1996年4月の生涯学習審議会答申は，「学社連携」をさらに進めた「学社融合」を提言した。これは，相互に独立したもの同士の連携ではなく，学習の場や活動など両者の要素を重ね合わせながら，社会教育と学校教育を一体として進めていこうとする考え方であり，学社連携の最も進んだ形態とされた。

---

1) 臨時教育審議会第三次答申は，「学校教育に偏っていた状況を改め，「開かれた学校」への転換を促進し，家庭，学校，地域の三者が相互に連携・融合するようなシステムをつくることが必要」という指摘をしている。

この背景には，完全学校週五日制への対応などのため，地域ぐるみの活動の必要があった。学校週五日制は，1992年9月から月1回，1995年4月から月2回実施されており，1996年7月の中央教育審議会答申は「生きる力」の育成を重視して，教育内容の厳選と基礎・基本の徹底や「総合的な学習の時間」とともに，完全学校週五日制を提言した。1998年改訂の学習指導要領と完全学校週五日制が2002年度から実施されるに先立って，1999年の文部省の「全国子どもプラン」などにより，土曜日を中心とする子どもの活動支援策が各地で行われるようになった。

　公民館は地域の社会教育の中心であり，さまざまな学習活動が行われているため，たとえば公民館の科学教室と理科の授業の融合や，木工教室と図画工作の授業の融合など，多くの実践が行われている。これによって公民館・学校の場所の確保や，地域人材と教師の教育力や専門性の共有，学校のスリム化や公民館の活性化など，双方にとって大きな意義がある活動が生み出されている。

　また，特に青少年教育施設においては，文部省の1995年の国立青年の家・少年自然の家の在り方に関する調査研究協力者会議報告が学社融合の考え方を最初に示していたこともあり，体験学習プログラムや教材の開発・提案などが行われている。

　このような学社連携・融合は，特に「総合的な学習の時間」などにおいて活用することが有効である（山本他，2002）。

(2) 青少年の奉仕活動や体験学習の重視

　自然体験学習の推進等については，1987年の臨時教育審議会第三次答申[2]や1999年の生涯学習審議会答申（1999a）において提言されていたが，2000年の教育改革国民会議報告では，特に青少年の奉仕活動や体験学習が重視された。これを受けて，2001年の社会教育法の改正では，青少年に対してボランティア活動などの社会奉仕体験活動や，自然体験活動等の機会を提供する事業の実施・奨励が，社会教育に関する教育委員会の事務として明記された（第5条第14号）。同時に学校教育法の改正も行われ，学校は児童・生徒の体験的な

---

[2] この答申では，「開かれた学校」の一環として「自然学校の推進」が取り上げられ，1984年から文部省が実施していた「自然教室推進事業」の長期化・拡大などが提言された。

学習活動の充実に努めるものとし，この場合社会教育関係団体その他の関係団体及び関係機関との連携に十分配慮しなければならないとされた（第31条）。これは学社融合を大きく前進させる規定であるともいえる（井内他，2008）。2008年改訂の学習指導要領では，体験学習が重視された。

体験学習については，青少年教育施設や公民館が大きな役割を果たしており，学校（ファーストスクール）では実施できない体験的な長期宿泊学習を目的とする「セカンドスクール」や，子どもたちが一定期間，異年齢集団で共同宿泊生活をしながら学校に通う「通学合宿」などの例がよく知られている。また国立青少年教育機構では，「自然体験活動指導者養成事業」などが行われてきた。

青少年の体験活動の必要性については広く認識されており，2007年の中教審答申は，体験活動を「体験を通じて何らかの学習が行われることを目的として，体験する者に対して意図的・計画的に提供される体験」と定義し，すべての青少年の生活に体験活動を根づかせ，体験を通じた試行錯誤や切磋琢磨を見守り支えることを提言した。2013年の中教審答申は，体験活動を「生活・文化体験活動」，「自然体験活動」，「社会体験活動」の３つに分類し，体験活動の意義・効果を述べるとともに，学校・家庭・地域の連携はもとより，民間団体・民間企業との連携や体験活動の指導者養成などを提言している。また，東日本大震災を踏まえて体験的な防災教育やボランティア活動などについても述べている。このような認識のもと，関係組織・団体等においては，さまざまな取り組みが進められている。

(3) 学校支援ボランティアから学校支援地域本部へ

1992年の生涯学習審議会答申は，ボランティア活動の基本理念を自発性，無償性，公共性，先駆性にあるとするとともに，①ボランティア活動そのものが自己開発・自己実現につながる生涯学習となること，②学習の成果を生かし，深める実践としてボランティア活動がある等の視点を示した。

1995年の阪神・淡路大震災をきっかけにボランティアは一般化し，この年はボランティア元年と呼ばれるようになった。翌1996年4月の学社融合を提唱した生涯学習審議会答申は，地域社会の教育力の活用として，地域社会の人材等を活用した教育活動や，学校に対する地域社会の支援についても提言した。

第1節　学社連携・融合から地域学校協働活動へ

生きる力を提唱した同年7月の中教審答申は，学校教育にもボランティアをという声を受けて学校ボランティアを提言し，翌年文部省が策定した教育改革プログラムは「学校支援ボランティア活動」を推進することを謳った。

1998年改訂の学習指導要領では，開かれた学校を進めるため，地域や学校の実態等に応じ，家庭や地域の人々の協力を得るなど家庭や地域社会との連携を深める旨が定められた。これが再び社会教育・生涯学習側で取り上げられ，翌年の生涯学習審議会答申（1999b）では，「学習の成果を地域社会の発展に生かす」活動の場として，「学校ボランティアの推進」が挙げられ，授業，部活動，特別活動，学校図書館運営の事例が紹介されている。

ボランティアと学校を適切に結びつけ協働活動を作り上げていくためには，学校支援ボランティアコーディネーターの役割が重要である（佐藤，2005）。優れた取り組みも行われていたが，これが本格的な政策として取り上げられるようになったのは，民間人校長として著名な藤原和博氏が始めた杉並区立和田中学校の「地域本部」である（藤原，2004，2008）。文部科学省は，これをモデルとして2008年度から「学校支援地域本部事業」を開始した（高橋，2011）。

この間，2006年に改正された教育基本法には，学校・家庭・地域住民等の相互の連携協力の規定が新設された（第13条）。これを踏まえ，2008年の社会教育法改正では，国及び地方公共団体が社会教育に関する任務を行うに当たっての努力義務として，学校・家庭・地域住民等の連携・協力の促進に資することが追加された（第3条第3項）。また，社会教育に関する教育委員会の事務の規定に，学校の授業終了後に学校等を利用して行う学習機会の提供（学校地域支援本部や放課後子どもプランなど）が追加されるとともに，このような活動に際し，社会教育主事が学校長の求めに応じて必要な助言を行うことができることが明確化された（第9条の3第2項）。

学校支援地域本部の実施目標について，2013年の教育振興基本計画が「全ての学校区」としているのに対し，2017年度の実施状況は，学校支援地域本部は，全公立小中学校の36.5％にとどまっており，土曜日の教育活動は49.2％，放課後子供教室も全公立小学校の60.3％となっており[3]（文部科学省2017a），さらなる普及が課題である。

(4) 地域学校協働活動

　学校支援地域本部については，地域から学校への一方向の活動に留まっている場合があることや，それ以前から行われていた土曜日の教育活動，放課後子供教室，家庭教育支援活動などとの連携が必ずしも十分でないことなどの課題がある。このため，2015年12月の中教審答申は，「支援」から「連携・協働」，また「個別の活動」から「総合化・ネットワーク化」を目指して，①コーディネート機能を強化し，②より多くのより幅広い層の地域住民の参画を得て活動を多様化し，③継続的な地域学校協働活動を実施する「地域学校協働本部」へと発展させることを提言した。さらに学校運営協議会制度（コミュニティ・スクール）と地域学校協働本部が，相互に補完し，車の両輪となって相乗効果を発揮できるよう，体制の構築が重要であることを提唱した。

　この答申の内容は，2017年の社会教育法一部改正[4]において「地域学校協働活動」として制度化された（図9-1）。これは，地域学校協働活動の機会を提供する事業を社会教育に関する教育委員会の事務に位置づけ，活動が学校との適切な連携の下に円滑かつ効果的に実施されるよう，地域住民等と学校との連携協力体制の整備，地域学校協働活動に関する普及啓発等を教育委員会に求めるとともに（第5条第2項，第6条第2項），地域学校協働活動推進員の制度を新設したものである。地域学校協働活動推進員は，社会的信望があり，地域学校協働活動の推進に熱意と識見を有する者のうちから，教育委員会が委嘱するものであり，教育委員会の施策に協力して，地域住民等と学校との間の情報の共有を図るとともに，地域学校協働活動を行う地域住民等に対する助言等の援助を行う（第9条の7）。同時に地教行法も改正され，学校運営協議会においては，学校運営のみならず，学校運営に必要な支援についても協議することとなるとともに，地域学校協働活動推進員等の学校運営に資する活動を行う者が委員として追加された（第47条の6第1項，第2項第3号）。

3）いずれも文科省の平成29年度の「地域学校協働活動推進事業」等を活用した実施状況であり，本部の実施状況は「『地域学校協働本部』の実施状況」として発表されている。

4）これらの社会教育法及び地教行法の改正は，2017年3月31日公布，4月1日施行の「義務教育諸学校等の体制の充実及び運営の改善を図るための公立義務教育諸学校の学級編制及び教職員定数の標準に関する法律等の一部を改正する法律」によって行われた。

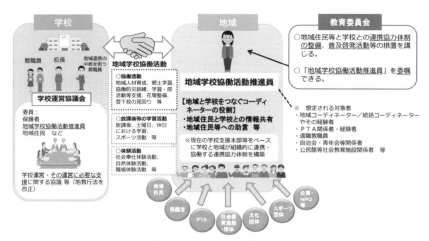

図9-1　地域学校協働活動のイメージ（文部科学省, 2017b）

第2節　総合型地域スポーツクラブと学校の部活動

　社会教育には，体育やレクリエーションの活動が含まれる（社会教育法第2条）。学校以外で行われる体育・スポーツは，社会体育と呼ばれ，社会教育法と1961年のスポーツ振興法（2011年に全面改正されてスポーツ基本法となる）によって振興されてきた。しかし，スポーツは学校教育と密接な関係があり，日本のスポーツは，学校体育とりわけ運動部活動によって支えられてきた。

　運動部活動には，学習意欲の向上や責任感，連帯感の涵養，互いに協力し合って友情を深めるといった好ましい人間関係の形成等に資するという意義があり（文部科学省，2017c），運動部活動に対する生徒や保護者の満足度等は高いものの，行き過ぎた活動量，実技指導力や外傷・障害の予防知識の乏しい顧問，部員数や顧問数の減少などの問題が指摘されている。

　このため文部（科学）省では，複数校合同の活動や外部指導者の活用，地域スポーツとの交流などを含む「開かれた運動部活動」を提唱してきたが（中学生・高校生のスポーツ活動に関する調査研究協力者会議，1997），生徒の自主的・自発的な活動の場の充実のためには，2013年の報告（運動部活動の在り方に関する調査研究協力者会議，2013）が述べているように，総合型地域スポー

ツクラブ等との連携など，地域社会全体が連携・協働した取り組みが望まれる。

　総合型地域スポーツクラブとは，地域住民により自主的・主体的に運営され，人々が身近な地域でスポーツに親しむことのできる，非営利のスポーツクラブであり，①子供から高齢者まで（多世代），②さまざまなスポーツを愛好する人々が（多種目），③初心者からトップレベルまで，それぞれの志向・レベルに合わせて参加できる（多志向），という特徴をもつ。総合型地域スポーツクラブの育成は1995年に開始され，学校週5日制に対応することも目的の一つであった。2002年度からはスポーツ振興くじ（toto）による創設支援事業などが実施されており，2016年度で約3,400のクラブが創設されている。

　総合型地域スポーツクラブは，学校開放施設や各種スポーツ施設等と連携を取りつつ活動を行っているが，中には放課後児童クラブ・放課後子供教室におけるスポーツ機会の提供，学校の運動部活動や体育の授業等への指導者の派遣などを実施しているクラブも現れている。しかし，会員，自己財源，指導者の確保などのほか，学校施設を含めた利用調整など安定的な活動場所の確保や支援体制の強化，認知度の向上などが課題である（黒須，2007）。

第3節　図書館，博物館，劇場・音楽堂等と学校

(1) 図　書　館

　図書館法は1950年の制定時から，図書館が学校教育を援助し得るように留意することや，学校図書館や学校と緊密に連絡し，協力することを規定している（第3条柱書，第4号，第9号）。1953年制定の学校図書館法も，他の学校図書館や図書館と緊密に連絡し，協力すると定めている（第4条）。

　しかし，公立図書館で児童サービスの重要性が認識されるようになったのは，主として1970年の日本図書館協会の『市民の図書館』以降であり，同協会から『公共図書館と学校（図書館）との連携』が発表されたのは1992年であった。

　学校図書館の活用が促されたのは，1993年に文部省が学校図書館図書標準を設定し，地方財政措置による「学校図書館図書整備計画」が開始されてからであり（現在の計画は2017年度からの5か年），1997年には学校図書館法が

改正され 12 学級以上の学校に司書教諭を置くこととされた。また，このころから学校現場において朝の読書運動が広がりを見せるようになった。

　図書館は，各教科や総合的な学習においてもっとも利用が想定される専門的な社会教育施設である。1998 年改訂指導要領の 2003 年一部改正では，総合的な学習の時間の内容の取扱いの配慮事項として，学校図書館の活用，図書館等の社会教育施設との連携などの工夫を行うことが加えられた[5]。

　2001 年に「子どもの読書活動の推進に関する法律」が制定され，2002 年に同法に基づいて，社会教育（図書館）と学校教育（朝の読書や学校図書館）を通した基本計画が策定され（現計画は 2013 年策定），地方自治体の推進計画の策定も進んでいる。また，2001 年に日本に導入されたブックスタート事業が多くの市区町村で実施され，2005 年には文字・活字文化振興法が制定されている。

　公立図書館と学校図書館との連携の背景には，読書活動の重要性の認識などのほか，調べ学習や総合的な学習の時間，アクティブラーニングの考え方などがあり，連携内容も団体貸出などの児童サービスから，レファレンス質問への回答や郷土資料の教材化など，学校教育支援に移行している（平久江，2010）。

　文部（科学）省は 1995 年以降，学校図書館の活性化の観点からモデル事業を行っていたが，2006-08 年度には，学校図書館支援センター推進事業を行った。支援センターは，社会教育サイドの公立図書館に置かれる場合と学校教育サイドの教育センターなどに置かれる場合があるが，このセンターの担当者は地域の学習コーディネーターとしての役割がある。しかし，学校図書館側の予算・蔵書不足や司書教諭・学校司書の未配置などが課題であり，学校ボランティアの活用も進んでいるが，担当職員の存在が重要である。2014 年の学校図書館法改正によって学校司書の設置が努力義務とされ，配置充実のため平成 29 年度から地方財政措置が講じられるようになり，活用が期待される。

(2) 博 物 館

　1951 年制定の博物館法は，博物館の事業として，学校等と協力して，その

---

[5] 2017 年改訂指導要領では，総則の「主体的・対話的で深い学びの実現に向けた授業改善」における配慮事項にも記述が加わった。

活動を援助することを規定するとともに（第3条第1項第11号），博物館は事業実施に当たって，学校教育を援助しうるように留意すべきことを定めている（同条第2項）。博物館教育の中心は，博物館活動の中心である展示になるが，学校教育への協力は，博物館本来の教育機能の一つである。

　しかし，博物館と学校との連携が盛んになって「博学連携」といわれるようになったのは，1989年改訂の小・中学校学習指導要領の社会科に博物館の活用が盛り込まれたことが契機といわれている。さらに1998年改訂指導要領の2003年一部改正で，図書館と同様，総合的な学習の時間の留意事項として博物館との連携が加えられた[6]。

　博学連携には，手ごろな距離に博物館のない学校が多いという地理的問題や，特別の活動を行うための財政的な基盤が乏しいといった課題もあるが，学校だけではできない活動であり，博物館活動の活性化にもつながることから，さまざまな取り組みが行われている。

　博物館は博学連携を機に，実物や模型を触ったり動かしたりできるハンズオン展示や，実験・工作教室などのワークショップのような参加・体験型のプログラムを実施することによって，子どもたちの学びの場としての役割が高まっている（小笠原他，2006）。さらに，学校への出前講座などのアウトリーチ活動なども行われるようになっている。博学連携のために，教師用の指導案や授業計画，ワークシートや教材などを作成している博物館も増えてきている（国立科学博物館，2011；日本博物館協会，2013）。このような博学連携活動は，学校の教育活動を豊かにすることはもとより，博物館活動を活性化させてきた。

　2000年から学習キットの製作・貸出を行ってきた国立民族学博物館では，2005年から日本国際理解教育学会と共催で「博学連携教員研修ワークショップ」（中牧他，2009）を実施した（2014年まで）。国立歴史民俗博物館は，博学連携研究員により，展示や資料を活用した授業実践例を開発している。国立科学博物館が2008年に開始した「教員のための博物館の日」は，全国の博物館に広がり，科学系だけでなく人文系でも行われるようになってきている。

　ICTの活用も有効であり，海の中道海洋生態科学館が中心になって水族館

---

[6] 2017年改訂指導要領では，小中学校の総則，社会，理科，総合的な学習の時間及び中学校美術に博物館の記述がある。

のない山間の小学校に遠隔授業を提供する一連の取り組みは，その代表的なものである（堀田，2001；堀田・高田，2002）。

(3) 劇場・音楽堂等

　劇場・音楽堂等は主に文化政策の対象であるが，文部科学省の社会教育調査では社会教育関係施設とされている[7]。2012年制定の「劇場，音楽堂等の活性化に関する法律」には学校教育との連携の条文があり，同法に基づく「劇場，音楽堂等の事業の活性化のための取組に関する指針」では，劇場・音楽堂等の設置者又は運営者は，①地域全体で児童生徒等を対象とした質の高い実演芸術に触れる機会を充実する，②学校を訪問して実演芸術の公演を行う，よう努めることとされている。これは文化芸術基本法にある，青少年の文化芸術活動の充実（第23条）や，学校教育における文化芸術活動の充実（第24条），関係機関等の連携等（第32条）などを具体化したものである。

　基本法に基づく「文化芸術の振興に関する基本的な方針（第4次基本方針）」には，子供たちのコミュニケーション能力の育成に資する体験型ワークショップの充実などが盛り込まれており，劇場・音楽堂等への学校の授業や課外活動の受け入れ（インリーチ）だけでなく，学校へのアウトリーチやワークショップ型の授業を行う劇場・音楽堂等も現れている。

　演劇学校や舞台技術学校などをもつ兵庫県立尼崎青少年創造劇場（ピッコロシアター）では，地域の学校等との連携活動として，劇場施設の見学や中学生の職場体験学習，高校生などのインターンシップ，教職員の研修の受入れなどを行っているほか，表現ワークショップや演劇の体験教室などを行っている。また，可児市文化創造センターala（アーラ）が2007年から始めた「まち元気プロジェクト」では，年間数百回のアウトリーチ活動を実施しているが，演劇手法を使ったコミュニケーションワークショップを実施した県立高校では，中退者が劇的に減少するなどの効果があり，注目されている。

7）2011年度以前は「文化会館調査」，2015年度から「劇場・音楽堂等調査」

第4節　社会教育ネットワークと学校

(1) 多様なアクターによる学習機会の提供と官民パートナーシップ

　社会教育は，公立の社会教育施設を中心に実施されてきたが，臨時教育審議会以降，営利・非営利を問わず民間教育事業者の役割が認識されてきた。特に，1998年のNPO法による特定非営利活動法人（NPO法人）は，近年急速に増加しており，2017年8月末現在で認証されている51,723法人中，社会教育を活動分野とするものは24,885法人で，保健・医療・福祉分野の30,275法人に次いで多く[8]，生涯学習社会における役割が注目されている（佐藤，2004）。

　今後はこれまで以上に，公立社会教育施設による学習機会の提供のみならず，NPO・大学・企業等の多様なアクター（主体）による学習機会の提供により，社会全体における学習機会が確保され拡大することが望まれる。文科省の協力者会議が述べている，多様なアクターと連携・協働した官民パートナーシップによる学習機会の提供や，民間の資金やノウハウの活用（学びを通じた地域づくりの推進に関する調査研究協力者会議，2017）は，学社連携・融合においても期待される。

　企業から学校への出前授業や教育プログラムの提供なども，近年盛んになっており，CSR（企業の社会的責任）活動として注目されている。これは企業としてのボランティア活動ともいえるが，企業の社員にとっても，地域や学校に目を向け，仕事以外のコミュニケーションを行うことや，社会の課題に向き合うことで，自己を高める場となる。ボランティア活動が生涯学習の一環であることを表しているといえよう。

　企業等による活動の場合も，学校と企業の双方のニーズの把握と情報提供が不可欠であり，提供プログラムの充実を図るためにも，社会教育行政やボランティア・NPO等，企業と学校をつなぐ中間支援組織とのパートナーシップの強化が必要である。今後取り組むべき課題としては，行政・NPO・企業の協働プログラムの開発，コミュニティをベースにした企業間ネットワーキングの構築や普及啓発などが挙げられる（国立教育政策研究所社会教育実践研究セン

---

[8] 特定非営利活動法人（NPO法人）は，20種類の活動分野を定めており，一つの法人が複数の分野の活動を行う場合もある。

第 4 節　社会教育ネットワークと学校　129

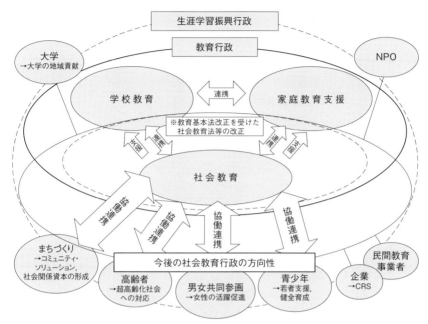

図 9-2　今後の社会教育行政の再構築のイメージ（文部科学省，2013）

ター，2013)。

(2) 社会教育ネットワーク

　臨時教育審議会第二次答申（1986）は「新しい柔軟な教育ネットワークの形成」を提唱していた。1998 年の生涯学習審議会答申は「ネットワーク型行政の必要性」を示し，さらに 2013 年の「第 6 期中央教育審議会生涯学習分科会における議論の整理」は，社会教育行政が従来の自前主義から脱却して，まちづくり・高齢者・男女共同参画・青少年などの現代的・社会的課題について，首長部局・大学・民間団体・企業等の多様な主体と積極的に連携協働して取り組みを進める方向を示している（図 9-2）。

　ネットワークによる連携は，事業のシナジー効果により総合的な推進体制の確立や事業内容の充実等を目指すとともに，コストの削減・縮小の必要への対応にも資するものである。しかし，それだけでなく社会教育はコミュニティづ

くりでもあることから，社会教育ネットワークは人々のつながりをつくり，絆を強める。社会教育のこのような効果は，社会関係資本（ソーシャルキャピタル）[9]の充実の観点から近年注目されている。

(3) 地域の学びを支える人材の育成・活用

2015年12月の中教審答申は，ネットワーク化のためのコーディネート機能を重視しており，学校と地域をつなぐ「地域コーディネーター」のみならず，市町村レベルで地域コーディネーターを統括する「統括的なコーディーネーター」が必要であるとしている。学校支援地域本部事業の中ですでに取り組まれている地域もあるが，統括コーディネーターは，地域学校協働活動の未実施地域における取組実施の推進や地域コーディネーターの資質や活動の質の向上のために重要な役割を果たすであろう。

また，社会教育施設のみならず，NPO・大学・企業等の多様なアクターによって提供される学習機会や，地域資源をアレンジして，地域課題解決のための学習につなげていく「学びのオーガナイザー」が必要となると考えられる。

このようなコーディネート人材については，社会教育主事の資格を活用することが考えられる。社会教育法に定める社会教育主事は，地域学校協働活動において，学校の求めに応じて必要な助言を行うこともできるが，あくまで教育委員会の職員としての任用資格が定められているのみである。

栃木県のように，教員の中から社会教育主事有資格者を計画的に養成して，各学校に地域連携教員として配置している優れた事例もあるが，さらに教育委員会や学校を超えて，社会教育主事の養成のための講習と資格を，NPOなど多様な主体の活動に携わる人々に積極的に開放し，広く活用することが望まれる。そうすることによって，NPO・大学・企業等においても「学びのオーガナイザー」が活躍し，これらの多様な主体が提供する学習機会が教育的観点から効果的に提供され，社会全体として学習機会の充実が図られるであろう（学びを通じた地域づくりの推進に関する調査研究協力者会議，2017）。

---

9) 社会関係資本（ソーシャル・キャピタル）とは，OECDの定義によれば，集団内部または集団間の協力を円滑にする共通の規範，価値観及び理解を伴うネットワークとされる（Healy & Côté, 2001）。

参考文献

中学生・高校生のスポーツ活動に関する調査研究協力者会議　1997 年　「運動部活動の在り方に関する調査研究報告」

中央教育審議会　1996 年　「21 世紀を展望した我が国の教育の在り方について（第一次答申）」

中央教育審議会　2007 年　「次代を担う自立した青少年の育成に向けて（答申）」

中央教育審議会　2013 年　「今後の青少年の体験活動の推進について（答申）」

中央教育審議会　2015 年　「新しい時代の教育や地方創生の実現に向けた学校と地域の連携・協働の在り方と今後の推進方策について（答申）」

中央教育審議会生涯学習分科会　2013 年　「第 6 期中央教育審議会生涯学習分科会における議論の整理」

藤原和博　2004 年『公立校の逆襲　いい学校をつくる！』朝日新聞社

藤原和博　2008 年『つなげる力　和田中の 1000 日』文藝春秋

Healy, T., & Côté, S. 2001　社団法人日本経済調査協議会訳　2002 年　「国の福利」『日経調資料』2001-05　pp. 1-187.

平久江祐司　2010 年　「公共図書館と学校図書館の連携―新たな展望」日本図書館協会『図書館雑誌』104（3）　pp. 134-136.

堀田龍也（監修）2001 年『教室に博物館がやってきた―社会教育施設と学校をテレビ会議で結んだ遠隔授業の試み』高陵社書店

堀田龍也・高田浩二（編）2002 年『博物館をみんなの教室にするために―学校と博物館がいっしょに創る「総合的な学習の時間」』高陵社書店

井内慶次郎・山本恒夫・浅井経子　2008 年　『改訂　社会教育法解説（第 3 版）』財団法人全日本社会教育連合会

国立教育政策研究所社会教育実践研究センター　2013 年　「企業とボランティア活動に関する調査研究報告書」

国立青年の家・少年自然の家の在り方に関する調査研究協力者会議　1995 年　「国立青年の家・少年自然の家の改善について―より魅力ある施設に生まれ変わるために（報告）」

黒須充編著　2007 年　『総合型地域スポーツクラブの時代　第 1 巻　部活とクラブとの協働』　創文企画

公益財団法人日本博物館協会編　2013 年　『子どもとミュージアム―学校で使えるミュージアム活用ガイド』　ぎょうせい

国立科学博物館編　2011 年　『授業で使える！　博物館活用ガイド　博物館・動物園・水族館・植物園・科学館で科学的体験を』　少年写真新聞社

学びを通じた地域づくりの推進に関する調査研究協力者会議　2017 年　「人々の暮らしと社会の発展に貢献する持続可能な社会教育システムの構築に向けて　論点の整理」

文部科学省　2013 年『平成 24 年度文部科学白書』日経印刷

文部科学省　2017 年 a　「実施状況―学校と地域でつくる学びの未来」http：//manabi-mirai.mext.go.jp/kyodo/enforcement.html（最終確認 2018 年 2 月 15 日）
文部科学省　2017年b　「地域学校協働活動の推進に向けたガイドライン　参考の手引」http://manabi-mirai.mext.go.jp/assets/files/gaidorain（tiikigakkoukyoudoukatsudounosuishinnimuketa).pdf（最終確認 2018 年 2 月 15 日）
文部科学省　2017 年 c　『中学校学習指導要領解説　総則編』
中牧弘允・森茂岳雄・多田孝志編著　2009 年　『学校と博物館でつくる国際理解教育―新しい学びをデザインする―』　明石書店
小笠原喜康・チルドレンズ・ミュージアム研究会　2006 年　『博物館の学びをつくりだす―その実践へのアドバイス』　ぎょうせい
臨時教育審議会　1986 年　「教育改革に関する第二次答申」
臨時教育審議会　1987 年　「教育改革に関する第三次答申」
佐藤晴雄編　2005 年　『学校支援ボランティア　特色づくりの秘けつと課題』教育出版
佐藤一子編　2004 年　『NPO の教育力―生涯学習と市民的公共性』　東京大学出版会
社団法人日本図書館協会編　1970 年　『市民の図書館』　社団法人日本図書館協会
社団法人日本図書館協会編　1992 年　『公共図書館と学校（図書館）との連携　調査報告書』　社団法人日本図書館協会
社会教育審議会　1974 年　「在学青少年に対する社会教育の在り方について（建議）」
生涯学習審議会　1992 年　「今後の社会の動向に対応した生涯学習の振興方策について（答申）」
生涯学習審議会　1996 年　「地域における生涯学習機会の充実方策について（答申）」
生涯学習審議会　1998 年　「社会の変化に対応した今後の社会教育行政の在り方について（答申）」
生涯学習審議会　1999 年 a　「生活体験・自然体験が日本の子どもの心をはぐくむ(答申)」
生涯学習審議会　1999 年 b　「学習の成果を幅広く生かす―生涯学習の成果を生かすための方策について―（答申）」
高橋興　2011 年　『学校支援地域本部をつくる　学校と地域による新たな協働関係』　ぎょうせい
運動部活動の在り方に関する調査研究協力者会議　2013 年　「運動部活動の在り方に関する調査研究報告書～一人一人の生徒が輝く運動部活動を目指して～」
山本恒夫・浅井経子・坂井知志編　2002 年　『新訂版「総合的な学習の時間」のための学社連携・融合ハンドブック―問題解決・メディア活用・自己評価へのアプローチ―』文憲堂

家庭教育支援の方向性

第1節　生存を支える機能としての家庭教育

「人間は教育によってのみ，人間となる」

「人間は教育されなければならない唯一の被造物である。」

　これは，教育思想上よく知られたカント（I. Kant）が『教育学（講義）』で述べた言葉である。

　まさに人間は唯一，他の動物と大きく異なる。例えば，牛や馬といった哺乳動物は，生まれてまもなく自ら立ち上がり，自分一人で生きていくことができる。しかし人間の赤ちゃんは，大人の保護なしには生きていくことができない。そして，立ち上がるまでに約1年間，大人の保護を必要とする。これは，人間が直立歩行をするようになったことで他の動物よりも骨盤が閉じ，産道が狭くなったことや，人間の脳が大きく発達していることに関係しているとされている。

　そのため，他の動物のように，生まれてまもなく立ち上がれるほど成熟した状態にまで子宮で育てることができず，人間は未成熟な状態で生まれてくるのだとして，ポルトマン（Portmann, 1951）が「生理的早産」という概念で提唱したのである。

　このように人間は，その生存の保持のため，さらに，言葉の習得，先人が築き上げてきた文化の継承なしに，生きていくことができないのである。

　ゆえに，教育は人の生存を支える機能をもつとされるのである。

　そして，人類の誕生とともになされてきた子どもを育てるという営みをになってきていたのが家族である。家族は，その時代によってその形態・構造は変化してきているものの，家族の本来的機能は，「子どもの社会化」と「成人

の安定」であるとパーソンズ（Parsons & Bales, 1955）がいうように，家庭が子どもの人間形成に果たしてきた役割は大きい。

その意味では，家庭教育はすべての教育の出発点であり，「乳幼児期の親子のきずなの形成に始まる家族との触れ合いを通じ，［生きる力］の基礎的な資質や能力を育成するもの」（文部省中央教育審議会，1996）として子どもにとって大切な場である。しかし，近年の少子化の進行，家庭教育に対する親の自覚の不足，児童虐待の増加など，子どもが育つ環境としての家族の機能が低下し，家庭の教育力の低下が問題とされ，こうした中，家庭教育を社会全体でどのように支えていくのかということが注目されるようになってきている。

こうした中，子どもの育ちに関わる者として，家庭教育のあり方について理解を深めておくことは大変重要である。

そこで，本章では，家庭教育をテーマとして，その家庭教育の定義，その担い手についての考え方を提示したうえで，家庭教育支援の現状と今後の方向性を明らかにしていきたい。

第 2 節　家庭教育の定義とその担い手

(1) 家庭教育の定義

家庭教育は，英訳すると Home Education もしくは Education in the home とされる。1986（昭和 61 年）年に我が国において設立された日本家庭教育学会は "The home education society of Japan" であるが，1998（平成 10）年 4 月に設置された文部省（現文部科学省）生涯学習局男女共同参画学習課に設置された家庭教育支援室は英語表記では "Office for the Support of Education in the home"，すなわち家庭教育は Education in the home とされている。

いずれにしても，家庭教育とは，家庭における教育ということであり，日高（1985）が「両親もしくはその代行者が子どもに対して行う意図的な教育的な働きかけ」と定義しているものである。

家庭における教育ということでは，ホームスクールというものがある。このホームスクールとは，義務教育段階における学校への登校を本人の自己選択と

し，子どもを学校へ通わせず家庭で自ら教育するものである。このホームスクールについては，2006年時点のものであるものの，文部科学省中央教育審議会初等中等教育分科会（2006）において，各国におけるホームスクールと義務教育との関係が示されている。これによると，アメリカにおいては，ホームスクーリングはすべての州で就学義務の免除として認められており，イギリス，フランスでは義務教育を家庭で行うことも認められている。

こうしたホームスクールも，家庭における教育であり，家庭教育を広義に捉えれば，その範疇に当然含まれるものである。

しかし，現時点の日本においては義務教育を学校以外で行うことは認められていない。こうしたことから，日本において家庭教育と学校教育との関係は相互に補完しあうものであり，「子どもの社会化」に向けて，子どもが，基本的な生活習慣や生活能力，人に対する信頼感，豊かな情操，他人に対する思いやり，基本的倫理観，自尊心や自立心，社会的なマナーなどを身に付けていくために行われるものと位置づけられている。

そして，この家庭教育については，2006年の教育基本法改正によって，独立の条文となった。

> 教育基本法
> 第10条　父母その他の保護者は，子の教育について第一義的責任を有するものであって，生活のために必要な習慣を身に付けさせるとともに，自立心を育成し，心身の調和のとれた発達を図るよう努めるものとする。
> 2　国及び地方公共団体は，家庭教育の自主性を尊重しつつ，保護者に対する学習の機会及び情報の提供その他の家庭教育を支援するために必要な施策を講ずるよう努めなければならない。

こうした家庭教育に関する事項は，旧法では第7条（社会教育）として「家庭教育及び勤労の場所その他社会において行われる教育は，国及び地方公共団体によつて奨励されなければならない」と社会教育に関する条文の中で述べられるにとどまっていたのであるが，この改正により独立した条文となったのである。これは近年の社会状況の急激な変化に伴い，家族のあり方が多様化する中で，子どもが育つ環境としての家族の機能低下を強く意識したことによるものといえるだろう。

この教育基本法第10条の条文からは，家庭教育は，「（子どもに）生活のために必要な習慣を身に付けさせるとともに，自立心を育成し，心身の調和のとれた発達を図るよう努める」ものであるとされている。これを前述した日高の定義に追記すると「両親もしくはその代行者が子どもに対して，生活のために必要な習慣の体得，自立心の育成，心身の調和のとれた発達を図るために行う意図的な教育的な働きかけ」ということができるだろう。

（2）家庭教育の担い手

　この教育基本法第10条では「父母その他の保護者は，子の教育について第一義的責任を有する」とされているが，この第一義的責任とはどのようなものなのだろうか。

　ここで教育基本法以外に，子どもに関わる第一義的責任というフレーズが出てくるものを見てみたい。

　まず最初に「児童の権利に関する条約」（1989年の第44回国連総会採択，1990年に発効。日本は1994年に批准）である。

> 第18条　1　締約国は，児童の養育及び発達について父母が共同の責任を有するという原則についての認識を確保するために最善の努力を払う。保護者は，児童の養育及び発達についての第一義的な責任（the primary responsibility）を有する。児童の最善の利益は，これらの者の基本的な関心事項となるものとする。

　次に，児童福祉法（昭和22年12月12日法律第164号）（最終改正：平成28年6月3日法律第65号）である。

> 第2条　全て国民は，児童が良好な環境において生まれ，かつ，社会のあらゆる分野において，児童の年齢及び発達の程度に応じて，その意見が尊重され，その最善の利益が優先して考慮され，心身ともに健やかに育成されるよう努めなければならない。
> 2　児童の保護者は，児童を心身ともに健やかに育成することについて第一義的責任を負う。
> 3　国及び地方公共団体は，児童の保護者とともに，児童を心身ともに健やかに育成する責任を負う。
> 第3条　前2条に規定するところは，児童の福祉を保障するための原理であり，この原理は，すべて児童に関する法令の施行にあたつて，常に尊重されなければならない。

そして，この他にも，日本では，児童虐待の防止等に関する法律（児童虐待防止法），次世代育成支援対策推進法，いじめ防止対策推進法といった法律でこの「第一義的責任」という文言が見られ，それぞれ，子どもの養育，教育についての保護者の責務を示したものである。

しかし，ここで注目したいのは，「第」という文字である。この一文字があるかないか，すなわち「一義的」と「第一義的」とはその意味するところが全く違うのである。

　一義的（Unambiguously definitive）：意味が一種類だけであるさま。
　第一義的（primary）：まず第一に考えなければならないさま。

つまり，一義的責任とは「そこにのみ責任がある」ということであり，第一義的責任というのは，「まず第一に責任がある」という意味である。

保護者にあると定められているのは「第一義的な責任（the primary responsibility）」であり，保護者にのみ責任があるという一義的な責任ではないのである。保護者だけに責任があるというのは大間違いであり，保護者のプライマリーに続き，セカンダリーな立場があるということである。

そのセカンダリーな責任を示すものとして，教育基本法第10条第2項「国及び地方公共団体は，家庭教育の自主性を尊重しつつ，保護者に対する学習の機会及び情報の提供その他の家庭教育を支援するために必要な施策を講ずるよう努めなければならない」や児童福祉法第2条第2項「3　国及び地方公共団体は，児童の保護者とともに，児童を心身ともに健やかに育成する責任を負う」がある。

これらが根拠となり，教育基本法では家庭教育の重要性とともにその支援が施策として位置づけられている。そして，児童福祉法では，保護者のない児童や，保護者に監護させることが適当でない児童を，公的責任で社会的に養育し，保護するとともに，養育に大きな困難を抱える家庭への支援を行う社会的養護の必要性を示しているのである。

第3節　家庭教育支援の方向性

(1) 家庭教育と家庭教育支援の関係

そこで，本章では，家庭教育支援とは何かを考えていくこととする。その手がかりとして，家庭教育と家庭教育支援との関係を図10-1に示してみた。

図10-1にもあるように，一般に家庭教育とは，個々の家庭において営まれる働きかけである。これに対して，家庭教育支援とは，家庭内での働きかけの在り方をより機能させていくために主として親（もしくは代行者）に対する教育的，支援的な働きかけなのである。

しかし，こうした家庭教育支援の充実強化の方向を考えるうえで大切なことは，家庭教育の自主性を尊重することである。それは，あるべき家庭像，子育て像に向けて，家庭と地域の教育力を強化するために，支援を行うというものではない。個々の家族を「あるべき家族像」に集約するための支援ではなく，個々の家族が個々の「よりよき家族像」を見定め，そこへ向けた個別的な教育支援を行うことが必要なのである。

確かに，家庭の教育力の低下，児童虐待の深刻化などから，家庭教育の在り方に対する問題点の指摘が多くなされている。このため，今日の家庭教育支援は子どもの問題行動を出発点として充実強化の方向に向かっているという点は否定できない。しかし，家庭教育支援を単に子どもの問題行動を未然に防止させるための保護者への支援としてのみ捉えるべきではない。様々な問題行動を

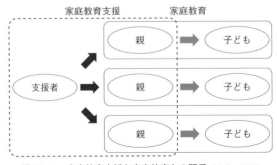

図10-1　家庭教育支援と家庭教育との関係 (山本, 2005)

契機に，それまでの家庭での教育的な営みを捉えなおし，子どもの立ち直りのために保護者から子どもに対してどのような働きかけを行うべきなのかを考えていくための支援もまさに家庭教育支援なのである。

　家庭における子育て・教育という家庭教育の領域での研究は，どのように子どもと接すればよいのか，望ましい親とは何かといった家庭教育の在り方を示す家庭教育論は数多く出されている。そして，これまでの家庭教育の研究は，親が，子育ての過程で直面する種々の疑問に対応するため，あるいは子どもの問題行動を予防するために，親としてなすべきことは何か，子育てに必要な予備知識として，子どものそれぞれの段階における発達課題は何か，子どもの問題行動の状況やその対処方法などについて，理論化することが重視されていた。つまり，子育てについての普遍的な理論が重視され，それを個々の家族にあてはめていくという方向性をもっていた。これは，そうした知識の前提となっているのが具体的な事例の積み重ねであったとしても，普遍を明らかにするという展開方法を志向していたものといえよう。

　しかし，こうしたあるべき家族を出発点とした普遍的な理論は，「いま，ここ」での営みの中にいる家族にとっては，概念として理解したとしても，それを現実の家族関係の中で具体的に行動する指針とはなりえない。そこで，普遍的な理論を個々の家族に適用するのではなく，個々の家族が「いま，ここ」にある自らの状況，すなわち家族の情緒的な関係性がどのようにあるのかといったことを見極めることに焦点を当てる必要があると考える。その意味で，家庭教育支援として必要なことは，個々の家族がどのような関わり合いをもっているのか，家族がどのように成長していくことを望んでいるのかなどという関係的な視点から出発し，家族の中で，どのような現象が起こっているのか，そして起こっている現象に対して，どのように理解するのか，理解したことをもとにどのように教育的な働きかけを行うのかというように，現象的，個別的，具体的な視点から出発していくというものであり，実存する個から出発する展開方法を志向していくことではないかと考える。

(2) 対話的な関係づくりの場としての家庭教育支援

　そこで，この「家庭教育支援」において，今，必要なのは，学習の機会や情

報の提供だけではなく，保護者，そして家族集団が，地域コミュニティとの間の良好な関係を基盤として，保護者同士が対話的な関係を構築していくこと，言い換えれば，家族を孤立させないということから始めていくことが必要だと考える。それでは，家庭教育支援の場を，保護者が他者と関わり合う場，互いに共感的に理解し合う場といった体験的な学びの場としていくことを通して，保護者が子育てに困った場面に遭遇したときに，周囲の大人がそれを支えていくという日常的な営みの場としていくことが重要ではないだろうか。

そこで，家庭教育支援の場をどのようなものとするのかということについて，ここまで述べてきたことを踏まえて，次の3つのねらいをもって取り組まれるべきものと考えるのである。

①保護者が家庭教育の必要性を認識する場
②保護者が子どもとのより良い対話的な関係を形成していくためのスキル学習の場
③保護者同士が対話的な関係を構築するための交流の場

この3つのねらいのうち，何に力点を置けばよいのだろうか。このことを支援者とそこにやってくる学習者（保護者）との関係のあり方という点から考えてみたい。

家庭教育を支援するということを考えると，子育てに関する知識について，保護者に理解を深めさせるということに力点が置かれるだろう。そして，こうした場合，保護者に情報や知識を伝達するという一方向的に語りかけるという関係に終始しがちである。

こうした一方的に語りかける教育のあり方をフレイレ（Freire, 1968）は著書，『被抑圧者の教育学』において「銀行型教育」として批判した。教師が教え，生徒がただそれにおとなしく従うだけの教育について，そこで教えられる知識を貨幣に見立て，知識を貯め込むだけの教育を「銀行型教育」と呼び，何の切実さもなく，意味も見出せずに貯め込んだ知識は，いざとなるとどこにしまってあるのか引っぱり出すことができないとしたのである。そして，この「銀行型教育」に対する批判から，自分の問題から出発してそれを解決するために考える「課題提起型教育」を提起したのである。この「課題提起型教育」では，対話によって自ら問題を発見しこれを解決していくことを目的とする。この対

話を通して，生徒の教師，教師の生徒といった関係は存在しなくなり，新しい言葉（ターム），すなわち，生徒であると同時に教師であるような生徒と，教師であると同時に生徒であるような教師（teacher-student with student-teacher）が登場し，こうした関係性の中で，主体的な学びが展開されるということをフレイレはいうのである。

こう考えていくことからも，家庭教育を支援するためには，「子育てに関する知識」であれ「保護者が子どもとのより良い対話的な関係を形成していくためのスキル」であったとしても，これらを銀行型教育として，一方的に知識を伝達するのではなく，保護者同士の対話を通して，課題を発見していくということを支援する場としていくことが大切なのである。

そこで，家庭教育支援の場としても，まずは対話的な関係づくりの場を構築していくことが大切となってくる。

そして，こうした対話的な関係の場を構成し，そこでの関係づくりを促進していく支援者の存在が大切になってくる。この場合，支援者は指導者というよりも対話的関係づくりを促進するファシリテーターとしての立場になる。すなわち，学習者相互の関係，いわばグループとしての人間関係のプロセスに関わる存在として，保護者同士の対話に関わっていくのである。

そのためには，こうした人材をどのように育成していくのかが課題となってくるが，近年，文部科学省が取り組んでいる家庭の教育力向上のための施策「地域における家庭教育支援基盤形成事業」と連携することでその可能性は大きくなるのではないだろうか。具体的には，家庭教育支援のための取り組みに携わる子育てサポーター等を対象に地域における支援活動全般の企画・運営及びサポーター等の資質向上を担う人材を養成する「子育てサポーターリーダーの養成事業」や子育てサポーターリーダーや子育てサポーターを中心に，保健師，民生委員等の地域の人材から構成し，小学校区を活動範囲として，家庭教育に関する情報提供や相談対応，学習機会のコーディネート等を実施する「家庭教育支援チーム」などの活用が求められる。実際，2008年から2年間，学校等と連携して，親同士のつながりづくりや相談対応を行う取り組みを，全国各地で行った。そして，その後もこうした取り組みを進める地域を支援するために「家庭教育支援チーム活動支援制度」を設け，効果的な事例や情報の提供など

により，子育て・家庭教育支援の取り組みの充実を図っている。

しかし，文部科学省生涯学習政策局に置かれた家庭教育支援チームの在り方に関する検討委員会が2014年にとりまとめた審議の整理において，次の3つの点を課題として指摘している。

　①従来型の地域人材を中心とするチームでは，専門的スキル・知見が不十分
　②チームの位置づけや家庭の信頼が不十分
　③家庭に関する事前の情報収集とアセスメントが不十分

その上で，家庭教育支援チームが行う家庭訪問型アウトリーチ支援において，その支援をより効果的なものとするためには，具体的な事例研究，検討が必要であるとして，特にケース会議の手法，重篤なケースの見極め，重篤なケースの場合の関係機関へのつなぎ方，訪問時間や支援期間の設定など被支援者に踏み込みすぎないための基本的な事項などについても，具体的な検討が必要であるとしている。さらに，訪問型家庭教育支援は，本来は家庭教育を行う主体者形成のためになされるものであるとしたうえで，保護者の主体性の形成に訪問型家庭教育支援が最終的に役割を果たすためには，即応的な取り組みだけではなく，見通しを持った支援活動が求められるとされている。以上のようなことからもこのような「寄り添い，いずれは離れていく」支援の全体像について，具体的な検討が必要であるとしている。

(3) 家庭教育支援チームにおける専門性

このように家庭教育支援チームにおいては，当事者性と地域性をもった地域の人材が担い手であったとしても，その専門性の検討抜きにしてその展開は期待できない。

そこで，この家庭教育支援チームにおける専門性とは何かを考えてみたい。

そこでまず第一に挙げられるのが，保護者にとって許容的な風土をつくっていくことである。そのことが前提にあって，保護者自らがこれまでの認識を変化させていくことを促していくのである。モーガン（Morgan, 2000）が「セラピストが『当人の考え方を変えよう』としてセラピストのアイディアや思想を押し付けないことです。外部の見方も会話の中で強いることも避けなければなりません」としているように，支援者として大切なことは，中立的・客観的

な立場から距離を置くことである。さらに，信田（2001）はナラティヴ・セラピーの立場からの子ども虐待観を述べる中で，「援助者の立つ位置とは，目の前に座っているその人の『味方』になる地点であろう。中立の地点ではない」，「援助者として養成され教育を受ける過程で色濃く染み付いてしまっているこの中立や客観といった言葉から脱出しなければならない」として，当事者の「同盟者」としての援助者の立場を強調している。このように，「家族はこうあるべき」「通常の親子関係はこうだ」といった家庭教育支援者自身の「常識」「倫理観」といったものを支援関係に持ち込むのではなく，家庭教育支援者にとって重要なことは，「いま，ここ」で相手が何を感じ，何を思っているかに徹底して寄り添っていくことなのである。

すなわち，家庭教育支援者の専門性とは，支援者との対話的な関係の中で，保護者の語りに寄り添い，保護者自らが変化していく関係性を構築していく存在となることである。

引用文献

Freire, P. 1968 *Pedagogia do Oprimido*（trans: Myra Bergman Ramos. 1970 *Pedagogy of the Oppressed*. New York: Continuum. 小沢有作訳 1979年 被抑圧者の教育学 亜紀書房）

日高幸男 1985年 「はじめに―家庭教育の概念と歴史―」 日高幸男編『現代家庭教育概論（第二版）』同文書院 pp. 1-3.）

文部科学省中央教育審議会初等中等教育分科会 2006年 （第38回）配付資料1-8「諸外国の事例について」〈http://www.mext.go.jp/b_menu/shingi/chukyo/chukyo3/siryo/06042105/009.htm〉

文部省中央教育審議会 1996年 「21世紀を展望した我が国の教育の在り方について（第一次答申）」

Morgan, A. 2000 *What is Narrative Therapy?: An Easy to Read Introduction* Dulwich Centre Publications（小森康永・上田牧子訳 2003年 ナラティヴ・セラピーって何？ 金剛出版）

信田さよ子 2001年 「子ども虐待へのアプローチ」『教育学研究』第68巻第3号 p. 291

Parsons, T. & Bales, R. F. 1955 *Family, Socialization and Interaction process*. Glencoe, IL: Free Press.（橋詰貞雄他訳 2000年 家族：核家族と子どもの社会化 黎明書房）

Portmann, A. 1951 *Biologische Fragmente zu einer Lehre vom Menschen.* Basel: Schwabe.（高木正孝訳　1961 年　人間はどこまで動物か　岩波書店）

山本智也　2005 年　『非行臨床から家庭教育支援へ』　ナカニシヤ出版

山本智也　2016 年　「家庭教育支援者の専門性　―社会構成主義の視点から―」『家庭教育研究』　第 21 号　日本家庭教育学会

11 危機管理における「学校」の意義
―社会構造の変容が学校に与えるインパクト―

第1節　学校における危機管理

(1) 学校に潜む様々なリスク

　学校には様々なリスクが潜んでいる。リスクとは危険，危険度，予想通りにいかない可能性，望まれない現象の発生可能性を指し，学校においては，顕在化したときに学校へ悪影響を及ぼす現象（本間，2016）と定義づけることができる。さらにこの定義を近年改正された学校保健法や学校給食法（2009）等に基づいて事象面から分類すると，概ね表11−1のようになる。

　近年ではAの学校安全領域では学習活動中の事故に加え不審者やいじめ等がリスクとして注意を引く。また，Bの学校保健領域では，新型インフルエンザやノロウィルス等による感染性胃腸炎等これまでにない感染症，また，災害にも従来の風水害や地震，津波等の自然災害に加え，Natech (natural hazard triggered technological accidents) と呼ばれる自然災害起因の産業事故なども挙げられるだろう。さらに，Cの学校給食領域に関わる食物アレルギー等食に関

表11−1　学校関連のリスクの分類

分類	リスクの種類	リスクの内容例
A	学校安全領域	教育計画，学校事故・事件（学校活動，登下校，問題行動等），施設設備，災害
B	学校保健領域	感染症（集団感染）
C	学校給食領域	食中毒，食物アレルギー
D	その他の領域	教職員（不祥事，事故等），財務（会計処理等），情報（個人情報），業務執行（保護者対応等）

（山形県教育委員会編「学校における危機管理の手引き」を参考に筆者作成）

するリスクのほか，Dのその他にまとめた保護者からの苦情，個人情報の流出等情報漏洩，教職員の不祥事等のリスクや原子力災害，ミサイル発射等看過できないリスクが多くある。

(2) リスクの要因——多様化と広域化——

前述したこれらリスクは多岐にわたり，その発生要因も様々である。例えば，それは気候変動のように地球環境の変化によるものもあれば，情報漏洩等科学技術の発達を起因とするものもある。そして，産業構造の変化もリスクをもたらす原因になっている。グローバル化，情報化，国際化，少子高齢化等社会構造の変化も学校にいろいろなリスクをもたらしている。さらに，価値観の多様化，生活スタイルの変化，地域や家庭の教育力の低下等学校を取り巻く環境の変化もリスク発生の要因になっている。

(3) リスクをマネジメントする

リスクマネジメントという用語がある。前述した「リスク」が顕在化しないための事前対応とリスクが顕在化した後の悪影響を最小化するための事後対応をあわせてリスクマネジメント（リスク管理）というが（本間，2016），危機的な状況が発生した後の事後対応を特にクライシスマネジメントともいう。いずれの場合も事前対応と事後対応を一対のものとして考えていく必要がある。

このリスクマネジメントへの最優先事項は，事実確認のための情報入手である。リスクが顕在化したとき，あるいはその顕在化の直前において，情報の経路を確保することが大切だ。東日本大震災の時には巨大地震と津波のため情報通信網が一時壊滅状態に陥った。本来，最も正確で迅速であるはずの地方自治体による情報通信網がほとんど機能せず，携帯電話も通信混雑等の理由により地震発生直後にはほとんど機能しなかった。1923年に起きた関東大震災から90年以上が経過したとはいえ情報通信途絶についてはこのときとほとんど同じ状況に陥ったのである。こういった状況においては情報（源）の確保と迅速な伝達が間違いのない行動を導き出すことにつながる。

「危機管理とは危機を避けることではない。立ち向かい，管理することである」（星，2013）。では，学校の危機管理（リスクマネジメント）には誰が立ち

向かうのであろう。これまでの学校現場においては、危機管理は「管理職がするもの」という意識が強かったということは否定できない。しかし、その「管理職がするもの」という意識にそもそものリスクが内在する。管理職といっても一人のただの人間である。当然、そこに見逃しや見誤りもあるはずだ。こういったいわば管理職の盲点となるようなところを組織全体で見つけて解決していくという発想が大切である。組織の一員が各々研ぎ澄まされた感覚によりリスクを見抜きいち早く対応することが何よりも大切である。

(4) 危機管理の実際
①リスク発生時の対応例

では、リスクが実際に顕在化したとき、つまりクライシスに達したとき、学校はどのように対応すればよいか。職員がそれぞれ単独で対応するのではなく、組織として対応していく必要がある。ここに、表11-1中のBから事例を取り上げ、その対応を考えたい。

〈事例〉担当は誰？ 学校は状況にどのように対処？

> 水曜の朝、中学1年生の保護者から生徒のインフルエンザ感染の連絡があり、朝の会で確認すると、学級の生徒が8人（学級生徒数36人）欠席していることが判明した。健康状態を確認したところ微熱、咳の症状を呈するものが数名いた。来週火曜日からこの学年は1泊2日の宿泊体験学習がある。さて、学校は事態にどのように対応すればよいか？（学級閉鎖の目安は約20％の欠席。前日の欠席数は2名）

どの学校にも季節を問わず頻繁に発生する事例である。この事例のステークホルダー（stakeholder＝利害関係者）になるのが、当該学級の状況を把握する学級担任、そして学校全体の児童生徒の健康状況を把握する養護教諭である。さらに当該学年の学年主任、生徒指導担当、教務主任が関係者として続く。当該の学校に給食があれば給食担当（栄養教諭）、保護者との間にメール配信システムが構築されていればその担当も対象となる。これらの関係教職員から報告を受け、素早く判断をするのが校長（校長不在の場合は教頭）である。学校医への相談、教育委員会への報告、そして地域関係者や校区内及び隣接の校園長への報告も忘れてはならない。

それぞれの担当が行う業務としては、学級担任と養護教諭が学級の健康状況

を掌握する。学年主任は学年行事の調整，生徒指導担当は主に登下校に関わる指導，教務主任は学級閉鎖を想定して学年行事や学校行事の教育課程上の調整を行う。このように担当者がそれぞれの立場で情報を正確に掌握しておくことが，正確な判断に直結する。最終的に校長が招集をかけ打ち合わせを行い，事実確認の後，方針を決定する。これらを業間等に短時間で行うため，養護教諭が必要情報を収集し，あらかじめ論点を整理しておく必要がある。授業等の理由により関係者全員が集まれない場合は一部の者でカバーし，結果を関係者に連絡する。

②対応の実際―本当にこれで対応できる？―

　事例を通して学校がどのように対応すればよいのかを，人と内容，順序を追って考えてみた。しかし，現実はこの通りにことは運ばない。小規模校や大規模校など学校規模によって危機管理の対応に充当できる教職員数も異なる。また，学校が動いているということは授業をしている教員もいれば出張中の職員もいる。自身の病気や家庭の事情等によって職員が学校を休んでいる場合もある。特に，当該学級の担任が不在となると児童生徒やその保護者に最も近い情報をもっていることから対応に大きな支障をきたす。そのため特に学級担任のカバーを行う副担任の責任は重く，担任と副担任は日常から児童生徒や保護者に関わる情報を共有しておく必要がある。

　学校は横社会であるといわれ，指示・命令のトップダウンがうまく機能しないことがある。リスクマネジメントでは，正確な情報伝達と素早い判断，迅速な行動が要求される。その意味では管理職（特に校長）の強いリーダーシップが発揮されねばならない。しかし，強いリーダーシップを要求される管理職も常に学校で勤務しているわけではなく，24時間リスクマネジメントのために警戒しているわけでもない。

　2011年の東日本大震災においても，発生当日は出張や休暇等により校長不在という学校がいくつもあった。卒業式のシーズンだったのだ。しかし，同じ校長不在であった学校でも，結果として人命を失う大きな被害を出した学校と，全く被害のない，または被害の極めて少ない学校があった。この違いは何なのか。被害のなかった，あるいは少なかった学校では，校長不在を想定した日常の危機管理意識が職員の中に植え付けられていたからだと想像できる。リスク

マネジメントの意味では，利害関係者が1名でも欠けてしまったらそれができないというのは学校が組織として脆弱であるということをはっきりと示している。

③リスク顕在化時の対応の基本―危機管理の原則―

リスクは多様であり，いつどんな時にどのように顕在化するかわからない。従って，基本となる危機管理の原則を大事にしながらこれを応用していく力が求められる。ここでは，表11-1の分類Aから実際に起きた学校事故の事例を通して対応の原則について確認しておきたい。

ある中学校男子運動部が休日に対外試合に出た。部員は10数名で，顧問の男性教諭がこれを会場校へ公共交通機関を使って引率していたところ，会場校に近い交差点で横断歩道を青信号横断中に生徒の列に乗用車が突っ込んだという事例である。

1) 事実確認：第一報は，事故発生直後の午前8時20分頃，教頭の携帯電話に入った。教頭は状況を聴き取る中でこれが尋常ではない事故であることを悟った。

2) 管理職への報告：本部設置，職員招集：教頭は大がかりな対応策が必要になると認識し，校長と連絡をとった。校長の自宅が事故現場に近いこともあったため，校長と，自宅が現場に近い職員へ事故現場に急行してもらうことにして，教頭は学校へ向かった。校長＋職員＝現場（現地本部），教頭＋職員＝学校（本部）の組織ができた。当日は休日であったが，部活動を行うため職員が少なからず学校におり，それらの職員に事故の報を伝え職員室に待機させた。

3) 情報の伝達：現場にいる引率の顧問と本部との情報交換によって正確な事故現場の様子を掌握し，次なる動きを考えることができた。

4) 救助・救援：被害拡大の防止：事故現場の正確な様子，生徒の安否確認等が直接掌握可能になり，これに基づいて，保護者をいたずらに不安へ駆り立てることなく現地へ向かわせ，併せて救援の職員も増員して向かわせた。

5) メディアへの対応：メディアへの対応は，事故の第一報が現場から入った直後から学校の電話が次々と鳴り，窓口を教頭に一本化して対応に当たった。本部にはメディアや保護者等からの問い合わせが殺到し，学校の緊急体制が一時機能不全に陥った。そのため，教務主任が職員の指揮に当たり，窓口で対応

する教頭のバックアップに回った。

　6）対応の収束：事故に遭った生徒の治療や入院，保護者への引き渡しが終わり，当面の対応がその日の夕刻に収束を迎えた。これにより現地本部は解散し，陣頭指揮に当たった校長と職員たちが帰校し，事故の総括を行った。総括を教育委員会へ報告しその日の対応は終わった。これ以後，学校側は入院者の見舞い，相手側の弁護士を通した補償問題の解決，入院生徒への学習保障等に長期にわたって取り組んだ。

　7）原因究明，再発防止策―発生の要因（ヒト，モノ，情報，ルール等）：当該部の顧問は休日の対外試合等引率の際のルールを遵守し，引率届も提出されていた。事故の原因は自家用車の運転者のわき見運転によるものであった。そのため学校側には何の非もなく，加害者及びその弁護士への対応に集中することができた。

　さて，この事例からもわかるように，リスクは全く予想しない方向から突然に現れる。そして，その瞬間からマネジメントが始まる。その意味で，行動の基本となる原則を学び，普段から身に付けておくことは不可欠である。

④リスクに応じたマネジメント

　リスクは予防も対応も1つひとつ異なる。しかし，リスクを分類するとカテゴリーごとに共通する策がある。例えば，大きな出来事が起きる前には必ず予兆があるといわれる。分類Aの学校安全領域などは学習活動（教科での学習や実験，運動等や部活動など）に係る事故や登下校中の事故，不審者による事件等を始めとして領域が広く責任も重い。他の領域でもそうであるが，これらの対応については特に事実の記録が大切だ。これは再発を防ぐとともに今後起きるかもしれない訴訟対応のために欠いてはならないことである。日常からの継続的な記録が大切だ。学校事故とは学校に関係する様々な事故全般を意味する。教員には，保護者の代理監督者として，学校の管理下における児童生徒や学校の安全管理に関して注意を払う代理監督義務があるため，一度事故が発生すると教員の法的責任が問われる。学校管理下において事故が発生した場合，教員は刑事上の責任，民事上の責任，行政上の責任が問われることがある。国公立学校の教員による日常の教育活動は「公権力の行使」に該当し，国公立学校で発生した事故については，被害者救済の観点から，通常，民法の特別法として

第 1 節　学校における危機管理　151

図 11-1　午後 2 時 46 分で止まったままの閖上中学校の時計

の側面をもつ「国家賠償法」が適用される。では表 11-1 の分類により代表的な事例を挙げてみよう（本文既出の例は除く）。

1) 災害—大規模自然災害と学校—【分類 A】

　2015 年，東北地方の被災地を調査のため訪れた。仙台市の太平洋岸に位置する閖上（ゆりあげ）地区は，漁港のある静かな港町であった。2011 年 3 月 11 日，ここを大津波が襲い，町は壊滅的な被害を受けた。

　閖上中学校は震災当日午前中に卒業式が催され，午後にはほとんどの生徒は帰宅していた。そこを地震が襲った。津波到来を予測して学校に戻ってきた生徒や避難のために集まった住民は校舎の上階に逃れ難を逃れたが，学校に戻って来なかった生徒や住民の多くは津波に飲み込まれた。この日，東北地方の太平洋沿岸部では同様のことが多く起きた。

　津波のような大規模自然災害はなすすべがほとんどなく，逃げるのが命を守る方法だ。児童や生徒がまだ学校に残っていた学校のほとんどは未曾有の大災害に当たり，それぞれが独自の対応を考え，安全を確保しようとした。ここに対照的な 2 つの学校の例がある。一つは避難のため校庭に集まった児童 78 名中 74 名，教員 11 名中 10 名が津波の犠牲になった石巻市立大川小学校の例であり，今一つは学校にいた多くの児童生徒たちが 1 人の命も失うことなく避難を成功させた釜石東中学校と鵜住居小学校の例である。前者は地震発生直後，

避難のために児童全員を校庭に集めたが，その後襲った大津波で児童・教職員のほとんどが命を落とした。一方，後者は地震発生時校庭で部活動をしていた生徒たちが事の重大性をいち早く察知し，高い場所を目指して逃げた。中学生の行動は隣接する小学校の児童も巻き込み，より高いところを目指して逃げ，事なきを得た。前者の小学校児童は教員の指示に従い教員とともに行動して悲劇に巻き込まれ，後者は生徒たちが自分の判断と行動によって自らの命を救った。大川小学校の悲劇は救えなかったのだろうか。孫の変わり果てた姿を見た祖母は「先生の言うことなんか聞かんかったらよかったんや」とつぶやいたという。祖母の言葉は学校の教員の判断と行動がいかに重要かということを物語っている。

2) 食物アレルギー 【分類C】

近年，教職員の頭を悩ませているのが食物アレルギーである。学校給食が小中学校とも全国的に実施される一方で，課題となっているのがこの問題だ。

食物アレルギーは痒み・発疹だけでなくアナフィラキシーショック[1]のように重篤な症状は死に至ることもある。予防策としては，学校給食では個別の献立を作ってアレルギーの原因物質を除去した給食を提供する，あるいは家庭より弁当等個別の食事を持参させるといった方法があるが，デリケートな作業のため職員は非常に神経を使う。除去食の提供，弁当持参のいずれの方法であれ，もしアナフィラキシーショックに陥った場合は，さらに教職員がエピペンを打つことを保護者から求められることがある。子どもの生命が危機に瀕する場合はAEDの操作等同様，これも避けて通るわけにはいかない。「エピペン打てますか？」，「AED操作できますか？」降りかかる様々な危機に対し教職員は様々な対応を求められている。

3) 保護者からの苦情や不当な要求 【分類D】

近年の価値観の多様化，生活スタイルの変化，地域や家庭の教育力の低下等学校を取り巻く環境の変化により，保護者からの苦情や不当な要求という新しいリスクが生まれている。

---

[1] アナフィラキシー反応（抗原に感作された個体が同一抗原に再び曝された時，全身状態の急激な変化を来す病態）のうち激しい全身症状を伴い，血管虚脱によるショックを呈するもの（日本栄養・食糧学会，2015）。

保護者からの苦情は学校教育全般に対する不満もあれば，わが子への指導等個別の不満を始め，様々な苦情や不当な要求がある。保護者の訴えが学校側のミスや不行き届き等学校の責任内で原因の特定が可能なものであるなら，学校は対応策も講じることができよう。ところが，「子どもはピーマンが嫌いなので，給食からピーマンを抜いてほしい」，「うちの子にも賞状をください。みんなもらっているのにうちはもらっていないんです」等保護者の一方的な考えや価値観からくる苦情，またSNS上の誹謗中傷など学校の責任外と思われる苦情も多くある。

　学校に持ち込まれる理不尽な苦情に苦悶する教員がいる。また，繰り返す理不尽な苦情によって心身を病む教員も多くいる。本来，学校教育は学校と保護者の対等な関係から成り立っている。しかし，この関係が崩れ始め従来の考えでは対応が難しくなってきている今，対策としては，保護者の理解推進のため「開かれた学校」（オープンスクール等）の実施，スクールカウンセラーによる保護者対象の教育相談機能の強化，そして近年自治体で取り組みが進む苦情処理の外部委託，保護者と学校園間を取りもつ機関，対応マニュアルの作成等苦情対応の施策などが考えられるだろう。

4）**教職員の不祥事**（情報漏洩，信用失墜行為，交通事故等）【分類D】

　教職員の不祥事が起きるたびに校長が頭を下げ，メディアからその責任を厳しく追及される。こういった場面がテレビの画面から消えることがない。教員は疲れている。精神的ストレスが，相次ぐ不祥事の連鎖を断ち切ることができない。しかし，同じように疲れていても，ストレスが溜まっている教員がいても不祥事を起こす教員とそうでない教員がいるのはなぜだろう。エビデンスに基づくものではないが，教育公務員としての意識，教えるプロとしての自覚等教育者としての根源に関わる部分に問題があるのではないか。相次ぐ不祥事で防止のための研修を受けても「対岸の火事」として傍観している。不祥事防止は「管理職の仕事」と，我がこととして受け止められない土壌が学校にはあるのかもしれない。教職員の意識をどのような手段でどのように変えていくか。教職員としての資質にも関わる大きな課題である。

⑤prevention（防止）と mitigation（軽減）

　学校のリスクには，事件や事故のように方法によっては「避けられる」もの

と自然災害や感染症のように避けられないもの，または避けることが難しいものがある。「避けられるもの」は原因究明により二度と繰り返さない（prevention＝防止）ようにし，「避けられないもの」は次に起きた時に被害を最小限に減じる（mitigation＝軽減）ようにする。これらは職員個人の危機意識向上と「チーム学校」としての組織的対応力向上によって可能である。さらに，安全，衛生，危険察知と避難行動を園児・児童・生徒の意識向上により行動化していく。そして，学校・家庭（保護者）・地域の連携によってこれらをより効果的に進めることができる。そのためには，学校で行っていることを保護者・地域へ周知していく必要がある。そして，このことがリスク発生の抑止力につながることになるのである。

第2節　学校だけではできない「学校の危機管理」
　　　　―情報発信と連携協力―

(1) 学校・家庭・地域の連携で子どもを守る

　「学校の危機管理は学校が行う」。当然のことであるが，近年の社会の著しい構造変容は，それを許さない。学校単体で危機管理を完遂することは更に難しくなり，学校内にもともと内在するリスクに加え，不審者侵入，新型インフルエンザ等感染症，そして大規模自然災害など今までにない多様なリスクが学校内へ持ち込まれる。

　これらのリスクは前節「学校に潜む様々なリスク」でも述べた通り多岐にわたり，その発生要因も様々である。学校はリスクの排除に向けて最大限の努力をする。しかし，その努力をもってしても及ばないのが今日の学校とそれをとりまく状況である。そのため，主体となる学校が家庭（保護者）や地域と積極的に連携しながらリスクを回避していくことで効果が期待できる。

　2000年代初頭に頻発した幼児・児童への殺傷事件を契機として，保護者やボランティアにより，次々と地域に子どもの「見守り隊」が立ち上げられた。「見守り隊」が活動を行う中で，これら地域の組織が事件・事故の直接の防止力としての存在だけでなく，「この地域は防犯に関心が高い」，「この地域は住民の結束力が強い」など学校を取り巻くリスク全体を防ぐための間接の抑止力

としても大きな力があることが認識されてきている。保護者や地域社会が学校との緊密な連携を続けることが事件，事故等「学校の危機管理全体」への備えとして有効であることが明らかになってきた。

(2) 学校の危機管理 もう一つの側面—地域防災の拠点としての学校—

2011年3月11日，東日本大震災でマグニチュード9.0の大地震が起きた直後からさまざまな人たちが学校を目指した。一つのグループは避難する地域住民であり，もう一つのグループはいわゆる帰宅困難者といわれるグループであった。特に駅近くに位置する学校には，行政上の避難場所指定の有無にかかわらずこのような人たちが次々と押し寄せた。帰宅困難者にとってそれは公共性や安全性，駅から近いという利便性の意味で避難場所に学校を選んだことが考えられる。一方でこれまで学校が果たしてきた，地域の活動拠点，地域文化の中心という役割，そして非常変災時の学校の役割等から人々は，「学校へ行けば何とかなる」と考えた行動とも理解できる。

第3節　学校発の防災教育で家庭・地域を結ぶ

(1) 防災教育から見た学校・家庭・地域の三者の関係に係る問題

学校・家庭・地域の三者はそれぞれにとっては不可欠な存在でありながら，そのことが互いによく認識されていないといった問題がある。学校・家庭・地域を防災，あるいは防災教育という視点から見た時，次のような点が問題として挙げられる。

①学校がコミュニティの重要なリソース（資源）の1つとして認識されていない。

これまで日本の学校は地域の教育の拠点だけでなく，文化の拠点，住民の出会いの場としても重要な意味を保持してきた。しかし今日，学校は地域においてかつての求心力を失い，その存在価値も低下している。本来，学校と地域は互いに不可分の価値をもつ共存共栄の関係にある。この関係において学校は地域にとって重要なリソースであり，地域もまた学校の重要なリソースのはずである。ところが，現実はこういった認識が弱く，それぞれが単体で活動してい

るところがある。

　②防災教育について，学校・家庭・地域間の連携がとれていない。

　学校・家庭・地域の関係を防災教育に焦点化したとき，それぞれでは行われているものの，どのような内容が，どのように行われているかよく把握できていない。本来，災害が起きればそれぞれが歩調を合わせて協力していかねばならない関係にありながら，いざとなると実際にはできていないというのが実態である。

　③学校の防災教育の構造化がなされていない。

　学校での防災教育に目を向けると，各学年で単発に行われ，教科間の関連も考慮されていないところがあり，プログラムの内容に発達段階に即した計画性・系統性があまり見られない。また，家庭や地域を視野に入れたプログラムになっていないことが多い。実際に発生する災害を見据え，発達段階に応じて構造化された教科横断型の防災教育のプログラムが必要である。

(2) 学校・家庭・地域を防災教育で結ぶ

①学校発の防災教育の重要性とプログラム

　コミュニティの中には学校や市民センターなど公共の組織もあれば，事業所，住民による自主的なサークルやボランティアグループなど民間の組織もある。これらの組織をコミュニティのリソースと考えて災害発生前，あるいは発生後に防災・減災のために協働して力を発揮できる機会がないだろうか。

　ラジブら（Rajibら，2013）は，「防災教育とはすなわち，学校と地域社会および家庭の間をつなぎ，人間と自然をつなぎ，異なる学問分野の間をつなぎ，理論と実践をつなぎ，時を経て地域固有の知識と伝承力をつなぐ過程を土台とした手法である」と述べる。また，山下（2008）は，「従来のコミュニティ論はすべて自己動員・自己完結で論じられてきた。しかしおそらく現代コミュニティは，その内部だけでなく外部からの資源利用・動員のもとでも描いていく必要がある」と述べる。つまりコミュニティ内外から行政も含め総力を挙げて課題解決に取り組む必要性を指摘しているのである。そこで，筆者が提案するのは地域内のリソースの1つである「学校」の力を活用した「学校発の防災教育」である。

これまでの知見からは，コミュニティ内の各家庭だけでなくコミュニティ間にも防災意識や災害への準備性等防災関連事項に有意に差異が認められた（髙田，2017）。また，中学校区という広い単位から複数のコミュニティを俯瞰的に見たとき，各コミュニティで行われている取り組みをお互いが知らないということも多い。また，家庭・地域・学校という単位から見たときも，互いが防災に関して行っていることを全く知らないことは意外と多い。

　コミュニティの防災は，本来，コミュニティの問題である。それは立地等地理的条件が異なるだけではなく，構造，住民の構成等が異なり，コミュニティの実情により即した防災体制が必要だからである。現実にインフラの整備等ハード面や住民の防災意識等ソフト面に差異がある以上，地域のリソースである学校教育や行政との連携により差異を補完し合っていくという考えでコミュニティの防災・減災に取り組む必要がある。その意味において「学校発の防災教育」の取り組みは重要である。

②**防災教育をインターアクティブ（interactive）にするための工夫**

　インターアクティブとは「相互に作用する」，「双方向の」ということを意味する。防災教育が，学校・家庭・地域の間を往還して結ぶ。それを行政が支援していくという考えがインターアクティブな防災教育である。表11-2は指導対象を小学生としたプログラムモデルである。

　山崎（2010）は，「学校教育に地震の学習を取り入れた際の効果は，大きく分けると，3つあると考える。1つ目は減災教育を受けた子どもたちは，危険

図11-2　小中学生も参加した市総合防災訓練2016

11 危機管理における「学校」の意義

表11-2 小学校を対象としたインターアクティブな防災教育のプログラムモデル（高田, 2016）

学年	学習主題	教育課程上の取扱い	特別活動及び総合的な学習の時間での内容	教育課程上の取扱い	教科（社会科・生活科）における防災関連の内容	インターアクティブへの工夫	学校・家庭・地域の関連
6年生	「今日避難訓練をしたよ⑥」	A/C	事前学習の一環として、最上級生になったら今日自分が災害発生時に何ができるかを保護者と話し合う。		教科における取り扱いなし	【体験と教科を結びつける】家庭での宿題……話題を引き出すために関連の項目をワークシートに設定する。記入は○×と簡単な感想のみ。	地域主催での防災訓練に参加し、活躍できる大人や中学生の姿を親子で確認し、次年度への意欲を向上させる。
5年生	「今日避難訓練をしたよ⑤」	A/C	事前学習で聞いた市役所の防災関係職員の話を基に、家庭で話し合うことについて話し合う。	B	自然災害を防ぐ：過去に地域で起きた災害を阪神・淡路大震災、東日本大震災と関連付けて調べ、防災対策や地域住民の協力の重要性等について理解を深めさせ、防災意識の向上につなげる。	【体験と教科等を結びつける】地域で起こった災害を通して、事前学習（市役所関係職員）の話をエンジンとして家庭での会話を促進する。	災害の起こりやすい国土であることから、防災に関する行政の対策や地域住民の協力、ボランティア等の協力を理解することにより防災意識を高めることができる。
4年生	「今日避難訓練をしたよ④」	A/C	4回目の避難訓練の事前学習をしたことと工夫した点と、今年の改善項目を保護者と話し合う。	B	安全な暮らし――私たちのまちを守る――：市民の安全を守る役割を持つ消防署が学校や家庭と学んで人々の防災の意味について考えさせる。	【体験と教科等を結びつける】消防署での広い視野から学校全体を見たり、当該単元中の中学校において家庭で交流したことと教室で交流し、問題点等を再度家庭での会話に持ち戻せるよう学習が進む項目を設ける。	風水害等を中心として消防署等関係機関による未然防止の努力や地域住民の協力に気付くことができる。
3年生	「今日避難訓練をしたよ③」	A/C	3回目の避難訓練について保護者と話し合う。災害発生時の避難場所等地域の防災にも目を向ける。		教科における取り扱いなし	【体験と教科を結びつける】中学年としてのまちたんけんの成果を生かしながら、地域の目配りの視点を入れた項目を設定する。	地域内の避難場所を確認したり、地域主催の防災訓練に親子で参加することができる。
2年生	「今日避難訓練をしたよ②」	A/C	入学後、2回目の避難訓練を通して、昨年度との違い、変わらない点等について保護者と感想やコメントをもらう。防災等の準備について児童と保護者が話し合う。		教科における取り扱いなし	【体験と教科を結びつける】前年度の避難訓練との比較と上級生としての視点を取り入れながらが保護者として話し合った結果を学校で交換する。	各家庭での防災の準備について確認した結果、隣人同士による情報交換ができる。
1年生	「今日避難訓練をしたよ①」	A/C	小学校入学後初めての避難訓練について、働いたこと、印象に残ったこと等を中心に保護者に感想を伝え、コメントをもらう。災害発生時の約束事（集合場所、連絡先等）を児童と保護者が確認する。		教科における取り扱いなし	【体験と教科を結びつける】小学校での初めての避難体験について、幼稚園での保育園での避難訓練を比較して違いを中心に感想を保護者に伝え、コメントをもらう。教室での避難学習として家庭で話し合った感想を交換し、結果を再度家庭へ持ち帰らせ話し合わせる。	災害発生時の集合場所の確認等、保護者が隣人同士で情報交換ができる。
備考	△実施可能な教科等 　A＝避難訓練（学校行事）　B＝社会科　C＝総合的な学習の時間					＊家庭事情で保護者と話し合いができない場合も考え、持ち帰りシートには本人だけでも記入できる項目を設定しておく。	＊地域主催の防災訓練については、予め当該自治会長と連絡先を通して開催時期等の情報を入手し、児童と連絡しておく。

に対する感性が磨かれ，危険を予測し，危険を回避する判断力が身に付けられる。(中略) 2つ目は，「学校」という集団生活の場で減災を学ぶことにより，周りの友達と協力し助け合うことの大切さを知り，人と人とのつながりの偉大さに気づくことができる。(中略) 3つ目は，子どもたちが学校で学んだことを家庭へ持ち帰り家族に話すことによって，保護者も地震に対して危機感をもち，地震の備えをする契機をつくることができる」と述べ，その実践を推奨する。

　インターアクティブな防災教育の取り組みを考えるとき，小学生という発達段階のもつ意味は重要である。小学校における防災教育は，社会科や総合的な学習の時間での取り扱いがある。第5学年の社会科（単元：自然災害を防ぐ）がその核となるだろう。第5学年での学習をより効果的なものとするためには第1学年から第6学年まで系統的な積み上げとなる共通指導項目を設定する必要がある。指導例としては，学校で学習した防災教育の内容を家庭に持ち帰らせ，対話を通して家族で考えさせるテーマを発達段階に応じて準備する。家庭での対話から出た意見・疑問等をまた小学校に持ち帰り，討論する。この結果を再び家庭に持ち帰り家庭独自の対応策を考える。こういった課題設定を学校が準備していくのである。ただ，近年，主権者教育，食育等○○教育と呼ばれる社会からの要請による教育が多数取り込まれ，各学校の教育課程は飽和状態が続いている。時代の要請に応じた○○教育という教育をこれ以上教育課程に取り込み続けることは難しい。このプログラムモデルはこれまで学校園で行われてきた避難訓練と教科等を関連付け，発達段階に即して再編成し，それをインターアクティブにしていくという考えである。

　学校で受けた防災教育を子どもが家庭へ持ち帰る，家庭で練った防災教育を子どもは学校へ，保護者は地域へ持ち出す。向上した地域の防災意識を行政が支援する。このようにしてそれぞれの組織がインターアクティブな防災教育により主体的な動きを誘発していくことによって，子ども，保護者，地域の防災意識は高まるのである。

③小中学校の連携による防災教育の質の向上

　日常，地域で生活を送る時間が高校生や社会人に比べて長い小学生や中学生は，災害時に地域で被害を受ける可能性もあれば活躍する可能性もある。心身

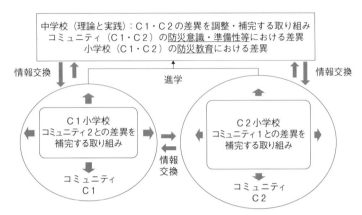

図11-3 コミュニティ内にある小学校と中学校の防災教育を通した関係

の発達段階から言えば中学生の活躍にはより期待がかかる。中学生には小学校で学んだ防災教育の積み上げがある。前掲の山崎（2010）は，「小学校における減災教育は，主に担任が多くの授業を行うことから教科横断的な減災教育を行いやすい点，地域社会と連携しやすい点，早い時期から災害に対する意識を育てるという点で意義が大きい。中学校における減災教育は，小学校に比べて知識や技術をより専門的に学ぶことで，総合的な認識と実践的な行動が期待できる」と述べる。東日本大震災で「釜石の奇跡」と呼ばれた小中学生たちの避難行動の例も中学校での防災教育だけが彼らを行動させたのではなく，震災前より一貫した防災教育を行っていた小学校と中学校との連携があっての成果であると言える。

図11-3は，2つのコミュニティがそれぞれのコミュニティ内にある小学校のインターアクティブな防災教育によって防災意識や防災への準備性を高め，また，小学生が中学校に進学した時，中学校の防災教育はC1とC2（コミュニティ内の小学校も含む）の防災教育の差異を少なくしようとする機能を果たすことを表している。

④学校発のインターアクティブな防災教育の期待される効果

これまでにも連携による防災教育の例はあったが，学校から地域へ，行政から地域へというように一方向の取り組みが多かった。また，それぞれの組織は

図 11-4　学校発のインターアクティブな防災教育の流れ

防災訓練等を行っているが，単体での実施のため互いに他の組織がどのような内容をどのような方法で行っているのか知るところではない。このような状態で地震等大規模な自然災害が発生した場合は，どれほど周到に計画・準備された防災体制があったとしてもコミュニティ全体として見た場合には，機能不全を起こすことが想像に難くない。

　二者間，三者間の取り組みが双方向性をもち，インターアクティブに機能するためには，学校から家庭・地域へ発信されたものを，受け手がそれを主体的に受け止め学校に戻ってくるようなものでなくてはならない。主体的に受け止めるということは，戻す際に何らかの意見が付されるようなものである。発信する側の学校は，そのことを意識して発信の際のワークシート等に盛り込む工夫が必要であり，戻ってきた後も再度戻すような工夫も必要であろう（表11-2の項目，「インターアクティブへの工夫」，「学校・家庭・地域の関連」参照）。これまでにも学校発の防災教育がインターアクティブに行われているコミュニティでは地域や行政主催の防災訓練に小中学生と共に参加する保護者の参加が増えるなど地域住民の防災意識を押し上げているという。

（3）学校発のインターアクティブな防災教育―今後の課題―

　学校発の防災教育を一層効果的なものにするためには次の点が今後の課題として挙げられる。

　①学校発のインターアクティブな防災教育を家庭や地域にどのように啓発していくか。

　2004年に制度化された学校運営協議会（コミュニティスクール）等で学校と地域の関係者が地域防災の全体のコンセプトを共有し，その中に学校発のイ

ンターアクティブな防災教育を埋め込んでいくことが必要だ。その際，促進のための双方向性をどのように盛り込むのか，地域と学校の共同行事や活動など短期的な促進要因と長期的な促進要因を探り，短期・長期の段階に応じたインセンティブ（誘因・動機）を与える。

②学校発のインターアクティブな防災教育に，行政をどのように巻き込むか。

中学校区など，より広範囲の防災教育をカバーしようとする場合は，教育委員会や自治体防災関係課を始めとする行政側からの橋渡し支援がぜひとも必要である。行政側からの橋渡し支援は財政的支援のみならず，学校や地域へのプログラムモデルの提供，小・中教員と地域関係者の合同研修会の設定，防災教育先進地の情報提供，専門職員の派遣等が考えられる。

③地域により差異のある防災意識をどのように補完し，防災教育を推進していくか。

②とも関連することであるが，立地等地理的条件，コミュニティの構造，構成等が異なることによるハード面やソフト面の差異を認めつつ，大規模な災害を想定してコミュニティを超えた広範囲の防災体制が必要となる。米国カリフォルニア州の実践事例である，異なるコミュニティ間をつなぐ"Earthquake Country Alliance"（ECA）[2]のような組織を意図的に編成することも考えられる。

④防災教育を一層効果的なものにするため小中学校で連続性のあるプログラムモデルをどのように構造化するか。

小中学校の危機管理担当や防災担当による合同会議・研修を開催し，自校の取り組み事例を交換するなど，特に隣接する地域の学校同士で実践交流を行うことにより小中一貫の構造化されたプログラムの編成に取り組む。

---

2) "Earthquake Country Alliance(ECA)：ECA は 2003 年に南カリフォルニアで始まり，2009 年には州規模に拡大。各地域の同盟（alliance）は独自の活動を展開し，州レベルの ECA を通じて他の組織と協力を行う。組織の任務としては地震と津波に対する強靭性（resilience）を向上させるための取り組みを支援し，調整すること。

参考文献

本間基照　2016 年『学校・大学リスクマネジメントの実践—地震対策・事故防止・情報管理—』同文館出版

山形市教育委員会　2011 年「学校における危機管理の手引き」2011.9.5 追加更新　山形県ホームページ
　〈https://www.pref.yamagata.jp/ou/kyoiku/700021/kikikanri-souron/kihontekinakangaekata.pdf〉（最終確認 2017 年 10 月 9 日）

星幸広　2013 年『総合教育技術　2013 年 2 月号　学校危機管理の新常識』小学館

稲葉陽二・大守隆・金光淳・近藤克則・辻中豊・露口健司・山内直人・吉野諒三，2014 年『ソーシャル・キャピタル 「きずな」の科学とは何か』ミネルヴァ書房

見田宗介・大澤真幸・吉見俊哉・鷲田清一編　2012 年『現代社会学事典』弘文堂

日本栄養・食糧学会編　2015 年『栄養・食糧学用語辞典［第 2 版］』建帛社

ラジブ・ショウ・塩飽孝一・竹内裕希子編，2013 年『防災教育—学校・家庭・地域をつなぐ世界の事例—』明石書店

髙田満彦　大規模自然災害想定におけるコミュニティのリスクとローカルガバナンス—カリフォルニア州 Del Norte County の取組を事例として—　2017 年京都大学大学院教育学研究科修士論文

浦野正樹・大矢根淳・吉川忠寛，2007 年『復興コミュニティ論入門』弘文堂

山下祐介　2008 年『リスク・コミュニティ論—環境社会史序説—シリーズ災害と社会 6』弘文堂

山崎古都子　2010 年『滋賀県における巨大災害にともなうリスクについての総合的研究—リスクの実態解明と減災教育—』滋賀大学教育研究プロジェクトセンター実施結果報告書

小中一貫教育の意義と可能性

第1節 小中一貫教育の現状と展開

(1) 小中一貫教育が導入される背景

 小中連携，小中一貫教育という言葉は，今日では流行り言葉の感すらあるが，それは，広島県呉市が2000年に文科省研究開発学校の指定を受け（「4・3・2カリキュラムの開発」）五番町小学校，二河小学校，二河中学校の3校で取り組みを始めたことを嚆矢とする。翌2001年には品川区が研究開発学校の指定を受けた（「系の学習」）取り組みを進め，基礎自治体，学校現場で小中学校間の接続・連携のあり方が研究対象とされるようになるのはこの時期以降である。

 呉市，品川区の取り組みは当該教育委員会による地域の義務教育の課題，具体的には「私学抜け」に対する政策として導入されたものであるが，全国的に小中一貫教育が導入されるようになる背景には，以下のような教育課題がある。

①不登校児童生徒の増加

 学校病理の代表的なものは不登校児童生徒数の増加である。平成28年10月に発表された数値では長期欠席者（年間30日以上欠席）のうち不登校を理由とするものは小学校で27,581人（前年度より約1,700人増加），中学校で98,428人（前年度より1,400人増加）となっている。小学校では237人に1人，中学校では35人に1人の割合となる。不登校の理由は多岐に及ぶが，生徒指導や教科指導に小・中学校間で一貫性が無く，その変化に戸惑う子どもが多いことも一因とされ，小学校教育と中学校教育の独自性と連続性を踏まえた一貫性のある生徒指導が求められている。

②発達の早期化

現在の6‐3制が制度化されて約70年が経過するが，その間の子どもの発達の早期化が著しいとされ，身長，体重の増加が10〜11歳で著しく，女子の初潮年齢の低下も報告されるなど，小学校高学年は既に思春期前期に入っているとされる。思春期の特徴として，自分が他者からどう見られているかが気になり，人格の多面性も顕著となることなどが指摘されるが，依然として小学校高学年でも学級担任制が主流である。そのため，担任との人間関係がうまく構築できないことが原因で不登校や学級崩壊が多発しているともされる。小学校高学年での教科担任制の導入が急がれるが，その実現には中学校の教員との連携が必要である。

③学力格差の拡大

社会学者の調査からも日本の小・中学生の学力格差は拡大し，その最大の要因は家庭階層の格差拡大にあるとされる。それへの対策としては学校運営協議会を設置して地域と学校の連携を強めることや，福祉や労働行政全般の改善が必要なことはいうまでもないが，学校として取り組むべき課題も数多くある。

義務教育の最終段階である中学3年生に付けるべき力は何なのかを全ての小・中学校教員が共有し，中学生のつまずきがどこで，どのように生じるのかを把握して，丁寧な授業を進めることが必要であるが，そのためには，小・中学校教員が互いの授業を見学し合い，各単元の指導内容がどのような構造で配列されどう関連しているかを理解した上での授業力の向上が求められるのである。

④学校統廃合

今日の我が国では，中山間地域における人口減少が著しく，極小規模の小・中学校が激増している。都市部においても市街地でのドーナツ化現象が進行し，小規模化が進む地域も多く，学校統廃合を進めなければならない状況にあることも多い。同時に，人口急増期に建設した校舎が建て替え期を迎え，改築費用捻出にめどが立たない小規模自治体では，極小規模化した2つの小学校を統合し，小中一貫教育を標榜しつつ，中学の増改築または新築を行って施設一体型の校舎に移行するという事例が多く見られる。

いうまでもなく，施設一体型小中一貫教育校の新設が，学校統廃合の「隠れ

糞」とされることはあってはならない。しかし，必要な統廃合もあり得る。地域の人々との協議を重ねた上での施設一体型小中一貫教育校の新設は，学校統廃合という教育危機を，小中一貫教育という新しい理念でピンチをチャンスに変えようとする試みであるともいえるのである。

　上の①②③で述べたような内容は，一般に「中１ギャップ」という言葉で表現されるが，実態としては「中１リセット」というべきであろう。つまり，小学校での学びや指導の在り方が中学校へはほとんど継承されず，その多くが「リセット」されて中学での学びが始まっているのが現実である。小学校と中学校との間には一定の段差は必要であるという意見は，実はこの「リセット」を必要悪として容認しているともいえる。そこには小学校教員と中学校教員がお互いを批判することを避けるというわが国の教師文化が確かに存在する。互いに干渉しない文化といってもいいだろう。それは小学校と中学校との間には切り替えが必要であり，9年間ダラダラとつなげても意味はないという発言にも通じ，義務教育終了時点，つまり15歳の子ども像を共有した学力観が存在しないまま，結果としてそこでの取り組みは，小・中間の意見交換や体験レベルの「交流に始まりイベントに終わる」小中一貫教育で留まってしまうのである。

(2) 小中一貫教育の類型

　京都市教育委員会の定義によれば小中一貫教育の類型としては，施設一体型，施設併用型，施設分離型，がある[1]。施設一体型は，小学生と中学生が同一施設で学び，学年の区切りは4-3-2が主流である。1人校長が主流で，平成29年4月時点で，全国で150校余りが開設されている。学校統廃合や校舎の建て替えを契機に一体型の校舎を新築するという形態が多く，文科省の全国調査では小中一貫教育の成果認識が最も高いものである。品川区立日野学園，京都市立東山開睛館小・中学校，広島県府中市立府中学園などの実践は広く知られている。

---

[1] 文科省の定義では，施設一体型，施設隣接型，施設分離型となるが，この定義は単純に校舎配置を類型化しただけであり，一貫教育の取り組み形態を反映した京都市教育委員会の定義がより有効である。

第 1 節　小中一貫教育の現状と展開　167

　施設併用型は，京都市立京都御池中校区に代表される 6 年生が 4 月から中学校で学ぶというものである。京都御池中校区には 2 つの小学校（御所南小，高倉小）があるが，2 校の 6 年生は 4 月 1 日からは中学校で生活し，校舎の同一フロアに教室が配置され，積極的な交流授業が用意され，中学生との交流も日常的に展開されている。両校の 6 年生はすぐに互いに知り合い，中学生活に対する不安も軽減され，中学籍の教員も次年度中学 1 年生になる児童の様子を把握できるなどの多くの成果が報告されている。同校区の取り組みは子育て世代にも高く評価され京都御池中校区への転入者が激増し，2 つの小学校の児童数がともに 1,000 人を超え，平成 30 年 4 月には 3 校目の小学校（御所東小）が開校されている。京都御池中校区は京都市の市街地にあり，ドーナツ化現象で児童数が激減していた。京都市教育委員会は魅力ある学校をつくることで子育て世代を呼び戻すための施策の一つとして 5-4 制を導入したのであるが，それは見事に功を奏したといっても過言ではない。

　大阪府吹田市立千里みらい夢学園（吹田市立竹見台中学校，同市立千里たけみ小学校，同市立桃山台小学校の 1 中 2 小の施設分離型）では，金曜日の朝 1 時間目から 2 つの小学校の 6 年生が中学校に登校し，終日中学校で授業を受ける「金曜登校」を実施している。金曜登校は年間 20 回を目標に実施されているが，午前中は通常の小学校での授業形態で授業が行われ，午後は 2 つの小学生をシャッフルして学級を編成した上で授業を行ったり，英語の授業を中心に中学生との交流授業を進めている。これらの取り組みでは，小学生と接することによる中学生の成長が顕著である。中学生が，下級生に対する配慮や上級生としての模範となる行動が取れるようになるのである。

　千里みらい夢学園の取り組みは，京都市教育委員会の定義によれば施設併用型となるが，これを施設分離型における小中一貫教育として理解することも問題はない。施設分離型とは，一般に多くみられる中学校と小学校が別々に設置されている状況下での一貫教育の取り組みをいうが，小中一貫教育の推進における最大の課題の一つは，わが国の小・中学校の設置形態が極めて複雑であるということである。数的には 1 中 2 小が最も多いとされるが，都市中心部では人口急増期に「建てられる場所」に学校を新設し，その後の校区の線引きで児童生徒数を調整するという「数合わせ」の政策をとった地域も少なくなく，1

つの小学校から2つ以上の中学校に分かれて進学する小学校（分割校）も数多くある。

そのような状況下では小中一貫教育の推進には多くの工夫が必要となり，実際はそれが取り組みの進展を妨げている場合もある。分割校では，小中一貫教育はまず，教師の指導力向上を目指す取り組みであることを共有し，子どもの進学先とは別に小・中学校教師のグループ編成を行い，教職員の合同研修の場を設定するなどして，取り組みを進めることが重要である。その上で，「中学登校」を実施し，小学生は必ずしも自分が進学するのではない「もう一つの」中学校での生活も経験することによって，自分が進学する中学校とは異なる学校・学校文化を知るという利点が生まれるのである。

(3) 小中一貫教育の現状と展開

文科省が2014年6月に実施した全国調査によれば，1,743の全市区町村教育委員会のうち小中一貫・連携教育を実施していると回答したものは78%に及んでいる（文部科学省，2015）。同調査からは，

①経過年数が長い取り組みの方が多くの成果を認識している。

②教科担任制を導入している方が多くの成果を認識している。

③乗り入れ授業を実施している取り組みの方が多くの成果を認識している。

④一人の校長がマネジメントしている取り組みの方が多くの成果を認識している。

⑤現行の6-3制の中で，6-3制とは異なる学年段階の区切り（特に4-3-2制）を導入している取り組みの方が多くの成果を認識している。

⑥9年間の教育目標を定め各教科別に9年間のカリキュラム編成に至っている取り組みの方が多くの成果を認識している。

⑦施設分離型よりは施設隣接型，施設隣接型よりは施設一体型の方が多くの成果を認識している。

ということが確認された。具体的には，「中学への進学に不安を覚える児童が減少した」に全体の90%が肯定回答を寄せ，次いで「いわゆる中1ギャップが緩和された」も89%が肯定している。この2項目は児童の変化であるが，「小・中学校の教職員間で互いの良さを取り入れる意識が高まった」89%，

「小・中学校の教職員間で協力して指導にあたる意識が高まった」85％，「小中学校共通で実践する取組が増えた」79％と，教職員の変化にも高い肯定回答が寄せられている。他にも「小学校教員の間で基礎学力保障の必要性に対する意識が高まった」82％，「小・中学校の指導内容の系統性について教職員の理解が深まった」78％，「上級生が下級生の手本となろうとする意識が高まった」75％などが高い肯定率を示している。「全国学力・学習状況調査の結果が向上した」「都道府県又は市町村独自の学力調査の結果が向上した」という客観的数字で示される項目でも，それぞれ42％，45％の肯定回答が寄せられている。

次に，小中一貫教育の課題については，最も高い肯定率を示したのは，「教職員の負担感・多忙感の解消」95％であり，次いで「小中の教職員間での打ち合わせ時間の確保」82％，「小中合同の研修時間の確保」75％と続く。この結果からは，小中一貫教育の課題は，実は教職員の課題であるということがわかる。「教職員間の負担の不均衡」にも66％の肯定回答が寄せられており，小中一貫教育を実施するにあたっての最大の課題は，打ち合わせを始めとするミーティングタイムの確保，特定の教員に負担がかかることのないシステムをどう構築するかということにあるといえよう。

2014年7月3日には，教育再生実行会議が第5次提言「今後の学制等の在り方について」を発表した。同提言1の2の中では，「小中一貫教育を制度化するなど学校段階間の連携，一貫教育を推進する」という節が立てられ，

> ○学校段階間の移行を円滑にする観点から，幼稚園等と小学校，小学校と中学校などの学校間の連携が一層推進されるよう，国は，教育内容等を見直すとともに，地方公共団体及び学校は，教員交流や相互乗り入れ授業等を推進する。特に，今後，拡充が予定されている英語のほか，理科等の指導の充実のため，小学校における専科指導の推進を図る。また，コミュニティ・スクールの導入の促進により，保護者や地域住民の参画と支援の下，より効果的な学校間連携を推進する。
> ○国は，小学校段階から中学校段階までの教育を一貫して行うことができる小中一貫教育学校（仮称）を制度化し，9年間の中で教育課程の区分を4−3−2や5−4のように弾力的に設定するなど柔軟かつ効果的な教

育を行うことができるようにする。小中一貫教育学校（仮称）の設置を促進するため，国，地方公共団体は，教職員配置，施設整備についての条件整備や，私立学校に対する支援を行う。

と述べられている。特に，小中一貫教育学校の設置の促進や，9年間の中で教育課程の区分を弾力的に設定できるように国，地方公共団体は条件整備を行うべき，という記述は，全国的に展開されている小中一貫教育の状況を一定評価したものであり，その進展を期待するものとなっている。続いて，先導的な取り組みの進捗を踏まえつつ5-4-3，5-3-4，4-4-4などの新たな学校段階の区切りについては引き続き検討を行うと述べ，第5次提言は，義務教育は当面9年間の年限で実施されるが，その教育課程の区切りを基礎自治体，各学校現場で，地域と子どもの実態に合わせて創意工夫をすることを求めており，それ以降の小中連携・一貫教育の展開を方向付けたものであることがわかる。

しかし依然として学校現場では小中連携と小中一貫教育の理念的な相違が理解されず，小中連携は一貫教育の前段階である，あるいは施設一体型小中一貫教育校を新設することが一貫教育であるといったあいまいな理解が少なくなかった。

文科省は2014年全国調査において，国レベルで初めて小中連携，小中一貫教育を定義づけた。そこでは，

　〇小中連携教育：小・中学校が互いに情報交換や交流を行うことを通じて，小学校教育から中学校教育への円滑な接続を目指す様々な教育

と定義し小中一貫教育を，

　〇小中一貫教育：小中連携教育のうち，小・中学校が目指す子供像を共有し，9年間を通じた教育課程を編成し，系統的な教育を目指す教育

と定義した。

この定義のポイントは，小中連携教育は当然のこととし，それに加えて9年

間を通じた教育課程を編成していることを，連携と一貫との分岐点としたことである。小中一貫教育の先進地域である品川区には「市民科」が設置され，全市で小中一貫教育に取り組んでいる茨城県つくば市では「つくばスタイル科」が設置され，9年間を通じた教育課程を編成している。そのような事例をモデルとし，この定義は決定されたのである。

　学制改革は教育課程改革が必須であり，その意味から文科省の定義は「先を見据えたもの」であるといえるが，学校現場ではその意識の浸透は極めて薄い。小中連携は当然のこととし一貫教育を推進するためには，まず，小中一貫教育とは，小学校教育と中学校教育の独自性と連続性を踏まえた一貫性のある教育をいい，それは第一義的には小中学校9年間の教育課程の構造的理解を通した教師の指導力（授業力，生徒指導力）の向上を目指す取り組みである，という理解が必要であろう。つまり，小中一貫教育とは教師の自己変革の取り組みであり，中学校区が一体となって子どもを育み，地域が学校に信頼を寄せ，学校を支援できるシステムを構築するための取り組みなのである。

第2節　小中一貫教育セカンドステージとしての義務教育学校，小中一貫型小・中学校の制度化

(1) 義務教育学校とは何か

　平成26年12月22日に出された中教審答「子供の発達や学習者の意欲・能力に応じた柔軟かつ効果的な教育システムの構築について」では，

- ○小中一貫教育の実施校のほとんどが顕著な成果を認識しており，その内容は学力向上，中1ギャップ緩和，教職員の意識・指導力の向上など多岐にわたる。
- ○運用上の取組では小中一貫教育を効果的・継続的に実施していく上での一定の限界が存在するため，制度化により教育主体・教育活動・学校マネジメントの一貫性を確保した総合的かつ効果的な実施が可能となる。
- ○設置者の判断で教育課程の特例を認め，柔軟な教育課程編成を可能とすることにより，地域の実情に対応した多様な取組の選択肢を提供する。

と述べられ，小中一貫教育の取り組みの成果を評価したうえで，さらなる取り組みの進展を促すため，「新たな学校種」の制度化の必要を提言している。
　その「新たな学校種」とは，

> ○１人校長の下，１つの教職員集団が９年間一貫した教育を行う新たな学校種を学校教育法に位置付ける。(仮称・小中一貫教育学校，法制化時点では義務教育学校)
> ○独立した小・中学校が小中一貫教育学校（仮称）に準じた形で一貫した教育を施すことが出来るようにする。(法制化時点では小中一貫型小学校・中学校)
> ○（新たに制度化される学校種では）現行の小・中学校学習指導要領に基づくことを基本とした上で，独自教科の設定，指導内容の入れ替え・移行など，一定の範囲で教育課程の特例を認めるべきである。

とその特性を，地域と児童生徒の実態に合わせた教育課程編成の学校裁量権の拡大を認められた学校であることとしている。
　同答申を受ける形で文科省は，小中一貫教育の第２段階とも言える新しいタイプの学校の制度化に着手する。2015（平成27）年に学校教育法が改正され，「義務教育学校」が法制化され（2016年４月から施行），ついで政省令改正で，「小中一貫型小・中学校」が法制化された（表12-1参照）。
　義務教育学校とは，修業年限は９年の学校であるが，転校を考慮して前期課程，後期課程という区切りは残すとされている。校長は１人であり，職員組織も１つである。つまり職員室は１つということである。既知の通り，小中一貫教育は施設一体型，施設併用型，施設分離型という多様な形態で実践されているが，文科省の調査からも施設一体型の取り組みが圧倒的に大きな成果認識がされていることがわかった。施設一体型では職員室が１つであり，そこでは小学校籍，中学校籍の枠を越えて教職員が一人の児童生徒について意見交換が容易であり，継続的な指導も可能となる。義務教育学校はそのメリットを最大限生かすために，１人校長，１つの職員組織を条件としている。しかし，施設面では必ずしも一体型であることを求めてはおらず，分離型で義務教育学校と

第2節 小中一貫教育セカンドステージとしての義務教育学校,小中一貫型小・中学校の制度化　173

表12-1　新しく制度化された小・中一貫教育校

	義務教育学校	小中一貫型小・中学校
修業年限	＊9年 ただし,転校の円滑化のため,前半6年(前期課程),後半3年（後期課程）の区分は確保	＊小・中学校と同じ
教育課程	＊9年間の教育目標の設定，9年間の系統性を確保した教育課程の編成 ＊小中の学習指導要領を準用した上で一貫教育の実施に必要な教育課程の特例を新設（一貫教育の軸となる新教科の創設，指導事項の学年・学校段階の入れ替え，移行）	＊9年間の教育目標の設定，9年間の系統性を確保した教育課程の編成 ＊小中の学習指導要領を準用した上で一貫教育の実施に必要な教育課程の特例を新設（義務教育学校同じ）
組織	＊1人の校長 ＊1つの教員組織 ＊教員は原則小・中免許を併有	＊学校毎に校長 ＊学校毎に教員組織 ＊各学校種に対応した免許を保有
施設	＊施設一体・分離を問わず設置可能	＊施設一体・分離を問わず設置可能

　なった場合当然職員室は2か所以上となり，そのハード面での「距離」をどう縮めるかが校長の手腕が問われることになろう．

　小中一貫型小・中学校は，基本的に施設分離型での小中一貫教育をより上質なものとするために創設された学校種である．例えば，三鷹市などでは全ての中学校区に○○学園といった組織名称を冠し，中学校区の小・中学校が一体となって15歳の学力に責任をもつ体制が構築されている．小中一貫型小・中学校は，このような学園構想の下で，施設分離型で進められている小中一貫教育を意識して創設されたものである．

　小中一貫型小・中学校では，校長は各学校毎に配置され，職員組織も学校毎に異なる．次項で詳しく述べるが，小中一貫型小・中学校では学習指導要領も小・中学校学習指導要領が準用され，当該市町村教育委員会が小中一貫型小・中学校と学校管理規則に規定すれば，義務教育学校と同じレベルの教育課程編成の学校裁量権が与えられるのである．

　小中一貫型小・中学校には形態として，併設型と連携型がある．これらの用語は中等教育学校のそれを準用したものであるが，要するに連携型とは設置者が異なる公立小中学校間で小中一貫型小中学校となる場合にのみ使用される用

語であり，全国的には例外的な事例に配慮したものである。逆にいえば，小中一貫型小中学校の大部分は「併設型」であるといってよいし，一般には「併設型小中学校」という名称で呼ばれている。

(2) 品川区立日野学園の取り組み

　平成 29 年 4 月時点で，全国で 48 校の義務教育学校が開設されているが（設置予定は 130 校），現時点では義務教育学校の最大の特徴ともいえる教育課程編成の学校裁量権を行使している学校は少ない。品川区立日野学園では，5 年生からは 50 分授業を採用し，毎週，月・火・木・金の 13：20～13：40 の間に「ステップアップ学習」が設定している。このステップアップ学習のねらいは「基礎・基本の学力を徹底して身に付けさせるとともに，児童生徒の実態に合った学び方を通し，個々の興味関心に応じて段階的に能力や学ぶ力を伸ばしていく。（中略）ステップアップ学習においては，国語科，社会科，算数・数学科，理科の 4 教科及び英語科について必修教科の授業との関連を図りながら，基礎的な学力の定着に努める」（日野学園，2016）と説明されているが，実際は 6 年生の 3 学期には中学 1 年の英語，数学の教科書を購入させ，7 年生の教育内容の前倒し指導を行うなどして，最終的には，9 年生の 11 月までに学習指導要領が求める義務教育 9 年間の教育課程の学習を修了することをめざしているのである。その理由は明快であり，12 月以降は，私立，国・公立難関高校への受験準備にあてるためである。

　品川区では学校選択制が採用されており，日野学園は「選ばれる学校」になるためにこのような「前倒し」指導を行っている側面も確かにある。このような取り組みを，公立の受験校づくりである，とかエリート校づくりであると批判することは容易いが，これはあくまで学校選択制下における公立学校の個性化を目指す取り組みの事例であり，教育課程編成における学校裁量権の拡大が「選ばれる学校」になるための手段というわけではない。

　関西の学校に多く見られるように「しんどい子を真ん中に」どの子もわかる授業を追い求めてきた学校現場においては，運用次第では，中学校での子どものつまずきを分析し，単元と単元をつなぐ「踊り場単元」の創設や，「思い出し単元」，あるいは教科横断型単元を考案することで地域と児童生徒の実態に

応じた教育課程を自主編成することが可能となるのである．

(3) 教育課程編成の学校裁量権の拡大の観点から見た義務教育学校，小中一貫型小・中学校

　義務教育学校及び小中一貫型小・中学校創設のねらいは複数あるが，その中で最も重要なものは，教育課程編成の学校裁量権の拡大である．上に述べたように，これらの新しい学校は，学習指導要領は適用ではなく準用であり，学校種，学年を越えた指導事項の前倒し，後送り，新教科の設置等が研究開発学校や教育課程特例校の申請を経ずして行えるのである．

　これは小中一貫教育の進展の中で，中学生の学習上のつまずきが，教師の指導の一貫性の無さや試験方法や評価法の違いによるものだけではなく，単元構成上にも課題があることが明らかになってきたことが要因となっている．

　例えば算数科と数学科を例にとってみても，算数科，つまり小学校段階で指導が終了し中学の数学では学ばない単元（例えば小数の乗除や単位換算）や，中学数学に発展するものとが混在している．数学では基本的に分数の乗除が中心であり小数の乗除は扱わない．しかし，中学でも理科や社会では小数の乗除や単位換算は普通に登場する．算数科での定着が不十分な生徒は，学び直しをする機会がなく，それが社会科や理科のつまずきの一因となっている場合もある．また小学校4年，5年で学んだ単元が中学の2年や3年で発展形として登場するが，子どもたちはほとんど忘れているということも日常なのである．

　そのような状況下でいくつかの自治体では，系統性が強いとされる算数科・数学科を中心に小1から中3までの全単元から代表的な問題を中学生に回答させ，つまずきの多い単元を明らかにし，その単元を学習する前に小学校での学習の復習をしたり，基本事項の確認を始めている[2]．

　それらの取り組みはつまずきを小さくするためだけではなく，より理解を深めるための工夫としても展開され始めている．しかし実際には，学習指導要領の制限があり大幅な単元の前倒しや後送り，新教科の新設が難しい現実がある．義務教育学校では，それらのことが大幅に改善され，たとえば現行学習指導要

2）苫小牧市や大阪府池田市ではこれに似た取り組みが行われている．

領では小5算数で素数を学習するが，その時，分解九九を学習し12が$2×2×3$であることが分かるようになれば，中3で学習する素因数分解の単元を小5で学習することも不可能ではない。

　その他，異なる教科間での単元の学習時期の入れ替えも容易となる。例えば中学理科のオームの法則は中2で学習するが，技術家庭科の懐中電灯の作成は中3である[3]。もしオームの法則を学習するのと同時期に懐中電灯の作成が指導できれば生徒の学びは立体的なものとなるだろう。

　つまり義務教育学校（小中一貫型小・中学校も同じ）の創設は，教育課程編成の学校裁量権の拡大を具体化したものであり，それは6-3制の見直しにも通じる極めて重大な制度変革なのである。教育課程が国レベルの統一性を保ちつつも，地域（具体的には中学校区）の実情に応じて創意工夫されるべきであることはいうまでもない。実際，職員団体では「教育課程の自主編成」というのは重要なテーマとなってきた。今，義務教育学校の制度化は，教育課程の学校裁量権の拡大を認めるものとして具体化されたのである。

　その制度が実際に運用されるにはいくつかの課題がある。まず，教師の教育課程に対する系統的理解が不可欠であるにもかかわらず，現状は小学校の単年度完結主義が，教師の教育課程を系統的に見る力を失わせている。つまり担任する学年が毎年変わり，1年〜6年をもちあがることがほとんどない状況では，6年間を見通した，ましてや中学校の単元を見通した指導など期待できるはずもない。今日では，小学校高学年に部分的教科担任制を導入している地域もあるが，教科担任には少なくとも小学5，6年生から中学3年生までの担当教科の指導内容の系統的理解が求められる。

　次に重要になるのが，市町村教育委員会の指導力である。全国の約6割を占める小規模自治体の教育委員会では，学校現場を指導できる力量は充分ではないといわざるを得ない。なぜなら，中学の全ての教科の指導主事を配置している教育委員会は大規模自治体を除いては皆無であるからである。その場合，都道府県教育委員会の市町村教育委員会に対する指導力が求められる。しかし現実は，義務教育は市町村の自主性，主体性に委ねるという大義名分の下での「丸

---

[3] 教科書会社によって異なる場合がある。

投げ」となっていることが多いのである。
　今次の新しいタイプの学校の創設は，教育課程編成の裁量権を有効に活用できる自治体とそうでない自治体との格差を広げる危険性もある。であるからこそ，都道府県教育委員会の市町村教育委員会に対する情報提供と人的，物的支援が強く求められるのである。

参考文献
日野学園　2016 年　「平成 28 年学校経営計画」
国立教育政策研究所編　2016 年「小中一貫事例編」東洋館出版
文部科学省　2015 年「小中一貫教育等についての実態調査（平成 27 年 2 月）」〈http://www.mext.go.jp/a_menu/shotou/ikkan/1369584.htm〉
文科省小中一貫教育制度研究会編　2016 年「Q&A 小中一貫教育」ぎょうせい
西川信廣・牛滝文宏共編　2015 年「学校と教師を変える小中一貫教育」ナカニシヤ出版
初田幸隆　2017 年「小中一貫校をつくる」宮帯出版

資　　料

日本国憲法（抄）

教育基本法

各教科等の授業時数　小学校

各教科等の授業時数　中学校

教育に関する勅語

学制序文（学事奨励に関する被仰出書）

日本国憲法（抄）

第13条　すべて国民は，個人として尊重される。生命，自由及び幸福追求に対する国民の権利については，公共の福祉に反しない限り，立法その他の国政の上で，最大の尊重を必要とする。

第19条　思想及び良心の自由は，これを侵してはならない。

第20条　信教の自由は，何人に対してもこれを保障する。いかなる宗教団体も，国から特権を受け，又は政治上の権力を行使してはならない。
　2項　何人も，宗教上の行為，祝典，儀式又は行事に参加することを強制されない。
　3項　国及びその機関は，宗教教育その他いかなる宗教的活動もしてはならない。

第21条　集会，結社及び言論，出版その他一切の表現の自由は，これを保障する。
　2項　検閲は，これをしてはならない。通信の秘密は，これを侵してはならない。

第22条　何人も，公共の福祉に反しない限り，居住，移転及び職業選択の自由を有する。
　2項　何人も，外国に移住し，又は国籍を離脱する自由を侵されない。

第23条　学問の自由は，これを保障する。

第25条　すべて国民は，健康で文化的な最低限度の生活を営む権利を有する。
　2項　国は，すべての生活部面について，社会福祉，社会保障及び公衆衛生の向上及び増進に努めなければならない。

第26条　すべて国民は，法律の定めるところにより，その能力に応じて，ひとしく教育を受ける権利を有する。
　2項　すべて国民は，法律の定めるところにより，その保護する子女に普通教育を受けさせる義務を負ふ。義務教育は，これを無償とする。

教育基本法

我々日本国民は，たゆまぬ努力によって築いてきた民主的で文化的な国家を更に発展させるとともに，世界の平和と人類の福祉の向上に貢献することを願うものである。
我々は，この理想を実現するため，個人の尊厳を重んじ，真理と正義を希求し，公共の精神を尊び，豊かな人間性と創造性を備えた人間の育成を期するとともに，伝統を継承し，新しい文化の創造を目指す教育を推進する。
ここに，我々は，日本国憲法の精神にのっとり，我が国の未来を切り拓く教育の基本を確立し，その振興を図るため，この法律を制定する。

第1章　教育の目的及び理念
第1条（教育の目的）
教育は，人格の完成を目指し，平和で民主的な国家及び社会の形成者として必要な資質を備えた心身ともに健康な国民の育成を期して行われなければならない。

第2条（教育の目標）
教育は，その目的を実現するため，学問の自由を尊重しつつ，次に掲げる目標を達成するよう行われるものとする。
一　幅広い知識と教養を身に付け，真理を求める態度を養い，豊かな情操と道徳心を培うとともに，健やかな身体を養うこと。
二　個人の価値を尊重して，その能力を伸ばし，創造性を培い，自主及び自律の精神を養うとともに，職業及び生活との関連を重視し，勤労を重んずる態度を養うこと。
三　正義と責任，男女の平等，自他の敬愛と協力を重んずるとともに，公共の精神に基づき，主体的に社会の形成に参画し，その発展に寄与する態度を養うこと。
四　生命を尊び，自然を大切にし，環境の保全に寄与する態度を養うこと。
五　伝統と文化を尊重し，それらをはぐくんできた我が国と郷土を愛するとともに，他国を尊重し，国際社会の平和と発展に寄与する態度を養うこと。

第3条（生涯学習の理念）
国民一人一人が，自己の人格を磨き，豊かな人生を送ることができるよう，その生涯にわたって，あらゆる機会に，あらゆる場所において学習することができ，その成果を適切に生かすことのできる社会の実現が図られなければならない。
第4条（教育の機会均等）
すべて国民は，ひとしく，その能力に応じた教育を受ける機会を与えられなけれ

ばならず，人種，信条，性別，社会的身分，経済的地位又は門地によって，教育上差別されない。
2　国及び地方公共団体は，障害のある者が，その障害の状態に応じ，十分な教育を受けられるよう，教育上必要な支援を講じなければならない。
3　国及び地方公共団体は，能力があるにもかかわらず，経済的理由によって修学が困難な者に対して，奨学の措置を講じなければならない。

第2章　教育の実施に関する基本
第5条（義務教育）
国民は，その保護する子に，別に法律で定めるところにより，普通教育を受けさせる義務を負う。
2　義務教育として行われる普通教育は，各個人の有する能力を伸ばしつつ社会において自立的に生きる基礎を培い，また，国家及び社会の形成者として必要とされる基本的な資質を養うことを目的として行われるものとする。
3　国及び地方公共団体は，義務教育の機会を保障し，その水準を確保するため，適切な役割分担及び相互の協力の下，その実施に責任を負う。
4　国又は地方公共団体の設置する学校における義務教育については，授業料を徴収しない。

第6条（学校教育）
法律に定める学校は，公の性質を有するものであって，国，地方公共団体及び法律に定める法人のみが，これを設置することができる。
2　前項の学校においては，教育の目標が達成されるよう，教育を受ける者の心身の発達に応じて，体系的な教育が組織的に行われなければならない。この場合において，教育を受ける者が，学校生活を営む上で必要な規律を重んずるとともに，自ら進んで学習に取り組む意欲を高めることを重視して行われなければならない。

第7条（大学）
大学は，学術の中心として，高い教養と専門的能力を培うとともに，深く真理を探究して新たな知見を創造し，これらの成果を広く社会に提供することにより，社会の発展に寄与するものとする。
2　大学については，自主性，自律性その他の大学における教育及び研究の特性が尊重されなければならない。

第8条（私立学校）
私立学校の有する公の性質及び学校教育において果たす重要な役割にかんがみ，

国及び地方公共団体は，その自主性を尊重しつつ，助成その他の適当な方法によって私立学校教育の振興に努めなければならない。

第9条（教員）
法律に定める学校の教員は，自己の崇高な使命を深く自覚し，絶えず研究と修養に励み，その職責の遂行に努めなければならない。
　2　前項の教員については，その使命と職責の重要性にかんがみ，その身分は尊重され，待遇の適正が期せられるとともに，養成と研修の充実が図られなければならない。

第10条（家庭教育）
父母その他の保護者は，子の教育について第一義的責任を有するものであって，生活のために必要な習慣を身に付けさせるとともに，自立心を育成し，心身の調和のとれた発達を図るよう努めるものとする。
　2　国及び地方公共団体は，家庭教育の自主性を尊重しつつ，保護者に対する学習の機会及び情報の提供その他の家庭教育を支援するために必要な施策を講ずるよう努めなければならない。

第11条（幼児期の教育）
幼児期の教育は，生涯にわたる人格形成の基礎を培う重要なものであることにかんがみ，国及び地方公共団体は，幼児の健やかな成長に資する良好な環境の整備その他適当な方法によって，その振興に努めなければならない。

第12条（社会教育）
個人の要望や社会の要請にこたえ，社会において行われる教育は，国及び地方公共団体によって奨励されなければならない。
　2　国及び地方公共団体は，図書館，博物館，公民館その他の社会教育施設の設置，学校の施設の利用，学習の機会及び情報の提供その他の適当な方法によって社会教育の振興に努めなければならない。

第13条（学校，家庭及び地域住民等の相互の連携協力）
学校，家庭及び地域住民その他の関係者は，教育におけるそれぞれの役割と責任を自覚するとともに，相互の連携及び協力に努めるものとする。

第14条（政治教育）
良識ある公民として必要な政治的教養は，教育上尊重されなければならない。
　2　法律に定める学校は，特定の政党を支持し，又はこれに反対するための政治

教育その他政治的活動をしてはならない。

第15条（宗教教育）
宗教に関する寛容の態度，宗教に関する一般的な教養及び宗教の社会生活における地位は，教育上尊重されなければならない。
2　国及び地方公共団体が設置する学校は，特定の宗教のための宗教教育その他宗教的活動をしてはならない。

第3章　教育行政
第16条（教育行政）
教育は，不当な支配に服することなく，この法律及び他の法律の定めるところにより行われるべきものであり，教育行政は，国と地方公共団体との適切な役割分担及び相互の協力の下，公正かつ適正に行われなければならない。
2　国は，全国的な教育の機会均等と教育水準の維持向上を図るため，教育に関する施策を総合的に策定し，実施しなければならない。
3　地方公共団体は，その地域における教育の振興を図るため，その実情に応じた教育に関する施策を策定し，実施しなければならない。
4　国及び地方公共団体は，教育が円滑かつ継続的に実施されるよう，必要な財政上の措置を講じなければならない。

第17条（教育振興基本計画）
政府は，教育の振興に関する施策の総合的かつ計画的な推進を図るため，教育の振興に関する施策についての基本的な方針及び講ずべき施策その他必要な事項について，基本的な計画を定め，これを国会に報告するとともに，公表しなければならない。
2　地方公共団体は，前項の計画を参酌し，その地域の実情に応じ，当該地方公共団体における教育の振興のための施策に関する基本的な計画を定めるよう努めなければならない。

第4章　法令の制定
第18条　この法律に規定する諸条項を実施するため，必要な法令が制定されなければならない。

各教科等の授業時数　小学校（平成20年3月28日告示）

区分	各教科の授業時数								道徳の授業時数	総合的な学習の時間の授業時数	特別活動の授業時数	外国語活動の授業時数	合計
	国語	社会	算数	理科	生活	音楽	図画工作	家庭	体育				
第1学年	306	—	136	—	102	68	68	—	102	34	—	34	—	850
第2学年	315	—	175	—	105	70	70	—	105	35	—	35	—	910
第3学年	245	70	175	90	—	60	60	—	105	35	70	35	—	945
第4学年	245	90	175	105	—	60	60	—	105	35	70	35	—	980
第5学年	175	100	175	105	—	50	50	60	90	35	70	35	35	980
第6学年	175	105	175	105	—	50	50	55	90	35	70	35	35	980
合計	1461	365	1011	405	207	358	358	115	597	209	280	209	70	5645

各教科等の授業時数　中学校

教科等／学年	国語	社会	数学	理科	音楽	美術	保健体育	技術・家庭	外国語	道徳	総合的な学習の時間	特別活動	合計
1	140 (4)	105 (3)	140 (4)	105 (3)	45 (1.3)	45 (1.3)	105 (3)	70 (2)	140 (4)	35 (1)	50 (1.4)	35 (1)	1015 (29)
2	140 (4)	105 (3)	105 (3)	140 (4)	35 (1)	35 (1)	105 (3)	70 (2)	140 (4)	35 (1)	70 (2)	35 (1)	1015 (29)
3	105 (3)	140 (4)	140 (4)	140 (4)	35 (1)	35 (1)	105 (3)	35 (1)	140 (4)	35 (1)	70 (2)	35 (1)	1015 (29)
計	385	350	385	385	115	115	315	175	420	105	190	105	3045

注：（　）内は週当たりのコマ数。
「選択教科」については，各学校において授業時数及び内容を適切に定め，開設することができる。

各教科等の授業時数　小学校 （平成29年3月31日公示）

区分	各教科の授業時数									特別の教科である道徳の授業時数	総合的な学習の時間の授業時数	特別活動の授業時数	外国語活動の授業時数	合計
	国語	社会	算数	理科	生活	音楽	図画工作	家庭	体育	外国語				
第1学年	306	—	136	—	102	68	68	—	102		34	—	34	—	850
第2学年	315	—	175	—	105	70	70	—	105		35	—	35	—	910
第3学年	245	70	175	90	—	60	60	—	105		35	70	35	35	980
第4学年	245	90	175	105	—	60	60	—	105		35	70	35	35	1015
第5学年	175	100	175	105	—	50	50	60	90	70	35	70	35	—	1015
第6学年	175	105	175	105	—	50	50	55	90	70	35	70	35	—	1015
合計	1461	365	1011	405	207	358	358	115	597	140	209	280	209	70	5785

注：中学校連携型小学校，義務教育学校前期課程，中学校併設型小学校においても同様。

各教科等の授業時数　中学校

教科等 学年	国語	社会	数学	理科	音楽	美術	保健体育	技術・家庭	外国語	特別の教科である道徳	総合的な学習の時間	特別活動	合計
1	140 (4)	105 (3)	140 (4)	105 (3)	45 (1.3)	45 (1.3)	105 (3)	70 (2)	140 (4)	35 (1)	50 (1.4)	35 (1)	1015 (29)
2	140 (4)	105 (3)	105 (3)	140 (4)	35 (1)	35 (1)	105 (3)	70 (2)	140 (4)	35 (1)	70 (2)	35 (1)	1015 (29)
3	105 (3)	140 (4)	140 (4)	140 (4)	35 (1)	35 (1)	105 (3)	35 (1)	140 (4)	35 (1)	70 (2)	35 (1)	1015 (29)
計	385	350	385	385	115	115	315	175	420	105	190	105	3045

注：（　）内は週当たりのコマ数。
「選択教科」については，各学校において授業時数及び内容を適切に定め，開設することができる。

きは畢竟（つまり）不学（がくもんせぬ）よりしてかゝる過ちを生ずるなり従来（もとから）学校の設ありてより年を歴ること久しといへども或は其道を得ざるして人其方向（めあて）を誤（まちがひ）り学問は士人（さむらひ）以上の事として農工商及ひ婦女子（をんなこども）に至つては之を度外（のけもの）におき学問の何物たるを辨せず又士人以上の稀に学ふものも動もすれば国家（くに）の為にすと唱へ身を立るの基たるを知らずして或は詞章（ことば）の記誦（あやそらよみ）の末に趣り空理（むだりくつ）虚談（そらばなし）の途に陥（はま）り其論高尚（りつぱ）に似たりといへとも之を身に行ふ事に施すこと能さるもの少からず是すなはち沿襲（しきたり）の習弊（わるきくせ）にして文明普（ひらけかた）ねからず才芸の長ぜずして貧乏破産喪家（まずししんだいくづしいへをなくす）の徒（ともがら）多きゆえんなり是故に人たるものは学すんあるへからず之を学ふには宜しく其旨を誤るへからず之に依て今般文部省に於て学制（がくせい）を定め追々教則をも改正し布告に及ふへきにつき自今以後（いまよりのち）一般（いちどう）の人民（ひとびと）華士族農工商及婦女子必ず邑（むら）に不学の戸なく家に不学の人

なからしめん事を期（まつ）す人の父兄（ちゝあに）たるもの宜しく此意を体認（こゝろえ）し其愛育（かはいがる）の情（こゝろ）を厚くし其子弟をして必ず学に従事せしめざるへからざるものなり 高上の学に至ては其人の材能に任かすといへとも幼童の子弟は男女の別なく小学に従事せしむるものは

其父兄の越度たるへき事

但従来沿襲（これまでしきたり）の弊（くせ）学問は士人以上の事とし国家の為にすと唱ふるを以て学費及其衣食（けいこいりようきものくひもの）の用に至る迄多ㇰ官（やく）に依頼（よりもたれ）し之を給（くださる）するに非されば学さる事と思ひ一生を自棄（じぶんからすて）るもの少なからず是皆然（はなはだ）しきものなり自今以後（いまよりのち）此等の弊を改め一般（いちどう）の人民他事（ほかのこと）を抛（すておき）ち自ら奮（はげみ）て必ず学（がくもん）に従事（よりしたがひ）せしむへき様心得へき事

右之通被　仰出候條地方官ニ於テ邊隅小民ニ至ル迄不洩様便宜解譯ヲ加ヘ精細申論文部省規則ニ隨ヒ學問普及致候様方法ヲ設可施行事

明治五壬申七月

太政官

資料　189

教育に関する勅語

朕惟フニ我カ皇祖皇宗國ヲ肇ムルコト宏遠ニ德ヲ樹ツルコト深厚ナリ我カ臣民克ク忠ニ克ク孝ニ億兆心ヲ一ニシテ世世厥ノ美ヲ濟セルハ此レ我カ國體ノ精華ニシテ教育ノ淵源亦實ニ此ニ存ス爾臣民父母ニ孝ニ兄弟ニ友ニ夫婦相和シ朋友相信シ恭儉己レヲ持シ博愛衆ニ及ホシ學ヲ修メ業ヲ習ヒ以テ智能ヲ啓發シ德器ヲ成就シ進テ公益ヲ廣メ世務ヲ開キ常ニ國憲ヲ重シ國法ニ遵ヒ一旦緩急アレハ義勇公ニ奉シ以テ天壤無窮ノ皇運ヲ扶翼スヘシ是ノ如キハ獨リ朕カ忠良ノ臣民タルノミナラス又以テ爾祖先ノ遺風ヲ顯彰スルニ足ラン

斯ノ道ハ實ニ我カ皇祖皇宗ノ遺訓ニシテ子孫臣民ノ俱ニ遵守スヘキ所之ヲ古今ニ通シテ謬ラス之ヲ中外ニ施シテ悖ラス朕爾臣民ト俱ニ拳々服膺シテ咸其德ヲ一ニセンコトヲ庶幾フ

明治二十三年十月三十日

御名　御璽

学制序文（学事奨励に関する被仰出書）

一八七二（明治五）年八月三日（太陽暦九月五日）太政官布告二一四号

人々自ら其身を立て其産（しんだい）を治め其業（げふ）を昌にして以て其生（いつしやう）を遂（とぐ）るゆゑんのものは他なし身を修め智（ちゑ）を開き才芸（きりやうわざ）を長（ます）するによるなり而て其身を修め智を開き才芸を長するは学（がくもん）にあらされは能はす是れ学校（がくかう）の設あるゆゑんにして日用（にちよう）常行（おこなひこと）言語（ことばつかひ）書（てならひ）算（そろばん）を初め士官（やくにん）農（ひやくしやう）商（あきんど）百工（しよくにん）技芸（げいにん）及ひ法律（ほうりつ）政治天文医療（やまひいやす）等に至る迄凡人の営むところの事学（がくもん）あらさるはなし人能く其才のあるところに応（まかせ）し勉（つとめ）て後初て生（げみ）して之に従事（よりしたがひ）ししかして後初て生を治め産を興し業を昌にするを得べしされは学問は身を立るの財本（もとで）ともいふへきものにして人たるもの誰か学はすして可ならんや夫の道路（みち）に迷ひ飢餓（くひものなき）に陥り家を破り身を喪（なくする）の徒の如

人名索引

あ
朝日素明　82-84
芦部信喜　19
アンダーソン（Anderson, H.）　52, 53
井沢修二　13, 88
市川須美子　24
伊藤博文　87
井内慶次郎　120
井上毅　73
ウェーバー（Weber, M.）　16
上野芳太郎　76
エプストン（Epston, D.）　52
オウエン　13
大神田賢次　107
小笠原善康　126

か
ガーゲン（Gergen, K.）　52, 54
貝塚茂樹　74
笠井稔雄　36
鹿島和夫　89
門川大作　110
金子郁容　107
神田修　74
カント（Kant, I.）　13, 133
北原白秋　89
玖村敏雄　76
グーリシャン（Goolishian, H.）　52, 53
黒須充　124
ゲーテ　13
小島弘道　33
ゴスチャ（Goscha, R. J.）　57
コテ（Côté, S.）　130
古東哲明　4
小松郁夫　21

コメニウス（Comenius, J. A.）　7-9, 12

さ
サッチャー（Thatcher, M.）　106, 107
佐藤功　19
佐藤晴雄　121
シェリング（von Schelling, F. W. J.）　13
篠原岳司　38
シラー（von Schiller, J. C. F.）　13
スコット（Scott, M.）　88
鈴木寛元　107
鈴木三重吉　89
ソクラテス（Socrates）　3-5

た
高田浩二　127
高田満彦　157
高橋和之　19
高橋興　121
瀧本知加　83
ツィラー（Ziller, T.）　14
ディ・シェイザー（de Shazer, S.）　54
デューイ（Dewey, J.）　14, 15, 91
寺崎昌男　74
東井義雄　89

な
中牧弘充　126
西村和雄　95
野口援太郎　74
信田さよ子　143

は
バーグ（Berg, I. K.）　54, 56

パーソンズ（Parsons, T.）　134
ハウスクネヒト（Hausknecht, E.）　88
花井信　73, 74
ヒーリー（Healy, T.）　130
ヒエロニムス（Hieronymus）　6
日高幸男　134
平久江祐司　125
フィヒテ（Fichte, J. G.）　13
福澤諭吉　88
藤原和博　121
フリードリヒ（Friedrich, J.）　6
ブルーナー（Bruner, J. S.）　92
フレイレ（Freire, P.）　140, 141
フレーベル（Fröbel, F. W. A.）　13
ペスタロッチ（Pestalozzi, J. A.）　11-13, 88
ヘルダー（von Herder, J. G.）　13
ベルタランフィ（von Bertalanffy, L.）　49
ヘルバルト（Herbart, J. F.）　12-14, 88
堀田龍也　127
ホッブス（Hobbes, T.）　9
堀内孜　21, 24
ポルトマン（Portmann, A.）　133
ホワイト（White, M.）　52
本間基照　145

ま
無着成恭　89

メンデル（Mendel, G. J.）　86
モーガン（Morgan, A.）　142
元田永孚　87
森有礼　73, 87

や
八並光俊　47
山崎古都子　157, 160
山下祐介　156
山田恵吾　74
吉岡真佐樹　83

ら
ラジブ（Rajib, S.）　156
ラップ（Rapp, C. A.）　57
ルソー（Rousseau）　9-11
ルター（Luther, M.）　5-7, 16

事項索引

あ
IP（Identified Patient）　50
アクティブ・ラーニング　97
あそび　61
新たな時代に向けた教育養成の改善方策について　79
いじめ　44, 45
一般教育学　13
インターアクティブ　157
栄養教諭　147
エピペン　152
エミール　9
円環的因果律　49
円環的認識論　49

か
開発主義　13
学社融合　118
学社連携　118
学習権　20
学習指導要領　91
学制　86
課題提起型教育　140
語り（ナラティブ）　51
学級経営　33, 43
学級経営ビジョン　35
学校運営協議会　104
　――（コミュニティスクール）　161
学校給食法　145
学校経営　33, 41

――計画　38
――的視点　33
――ビジョン　35-37
学校支援地域本部事業　121
学校支援ボランティア　121
学校選択制　110
学校図書館支援センター　125
学校の自立性確立　26
学校発の防災教育　157
学校評価（PDCA）　116
学校評議員制度　103
学校保健法　145
家庭教育　134
　――支援　138
釜石の軌跡　160
環境を通しての教育　61
官民パートナーシップ　128
帰宅困難者　155
義務教育学校　171, 172
教育委員会制度　30
教育改革　24
教育課程　85
　――コアカリキュラム　81
　――編成の学校裁量権　175
教育基本法　28
教育行政　29

教育刷新委員会　75
教育実践演習　80
教育職員免許法（教免法）　75
教育長　31
教育免許更新制　80
教育を受ける権利　19
教員の地位に関する勧告　83
教師聖職者像　73
教師養成塾　82
京都御池中校区　167
京都市立東山開晴館小・中学校　166
興味と意欲　67
教理問答書　7
銀行型教育　140
クライシスマネジメント　146
経営的視点　33, 34
経験　67
校長及び教員としての資質の向上に関する指標　82
コーディネーター　121, 130
コーピング・クエスチョン　57
国家賠償法　151
コミュニティ・スクール　104, 106
コントロールする力　65

192　事項索引

さ

CSR（企業の社会的責任）活動　128
思考力の芽生え　65
システムズ・アプローチ　49
実験学校　14
実践的指導力　79
視点　33
児童の権利に関する条約　136
品川区立日野学園　166, 174
師範学校　73
社会関係資本（ソーシャル・キャピタル）　130
社会教育主事　130
社会教育ネットワーク　130
社会構成主義　51
社会に開かれた教育課程　96
宗教改革　5
修身　87
主体的・対話的で深い学び　97
小学校との「円滑な接続」　64
消極的教育　10
小中一貫型小・中学校　172
小中一貫教育　164, 170
小中連携教育　170
庶物指教　88
新学力観　93
新型インフルエンザ　145
心情意欲・態度の形成　60
人的環境　68
信念　35, 36, 41
進歩主義教育運動　14
吹田市立千里みらい夢学園　167
スクールカウンセラー　153
スケーリング・クエスチョン　57
ストレングス　57
スプートニク・ショック　91
生活科　93
生徒指導　46
生理的早産　133
世界図絵　9
戦術　35, 41
戦略　35, 41
総合型地域スポーツクラブ　124
総合的な学習の時間　94
ソリューション・トーク　56
ソリューション・フォーカスト・アプローチ　54

た

第一義的責任　136
大学における教員養成　76
大教授学　8
体験活動　120
対話法　4
単線型の学校体系　27
地域学校協働活動　122
チームとしての学級　42, 43
チームとしての学校　36, 41
地方教育行政法　30
中1ギャップ　166
中1リセット　166
中学登校　168
中間支援組織　128
直線的因果律　49
勅令主義　21
直観教授　11
道徳性・規範意識の芽生え　65
特定非営利活動法人（NPO法人）　128
特別の教科道徳　97

な

Natech　145
日本国憲法　19

は

博学連携　126
番組小学校　111
被仰出書　86
PDCAサイクル　40
PISA　95
PPDCAサイクル　40, 42
開かれた学校　153
広島県府中市立府中学園　166
法律主義　21
ホウレンソウ（報告・連絡・相談）　40
ホームスクール　134
ポジティブ・リフレーミング　56

ま

学び続ける教員像　81
学びのオーガナイザー　130
見守るかかわり　69
民主主義　15
無知の知　3
免許状授与の開放制　76

や

山びこ学校　89
幼児期の終わりまでに育ってほしい姿　62-64

ら

リスク　145
　──マネジメント　146
領域　60

【執筆者一覧】（五十音順，*は編者）

浅田昇平（あさだ・しょうへい）
四天王寺大学教育学部教授
担当：2章

久保富三夫（くぼ・ふみお）
和歌山大学名誉教授
担当：6章

惣脇　宏（そうわき・ひろし）
京都産業大学現代社会学部教授
担当：9章

髙田満彦（たかだ・みつひこ）
元龍谷大学社会学部教授
担当：11章

長井勘治（ながい・かんじ）
武庫川女子大学健康・スポーツ科学部教授
担当：3章

長瀬美子（ながせ・よしこ）
大阪大谷大学教育学部教授
担当：5章

西川　潤（にしかわ・じゅん）
京都光華女子大学健康科学部講師
担当：7章

西川信廣（にしかわ・のぶひろ）*
京都産業大学現代社会学部教授
担当：8章，12章，資料

松井玲子（まつい・れいこ）
元京都聖母女学院短期大学教授
担当：1章

山本智也（やまもと・ともや）*
大阪成蹊大学教育学部教授
担当：4章，10章

編者紹介
西川信廣（にしかわ・のぶひろ）
京都産業大学現代社会学部教授。1982 年大阪大学大学院人間科学研究科博士後期課程単位取得退学。主著に，『学校と教師を変える小中一貫教育』（共著，2015 年，ナカニシヤ出版），『改訂版 学生のための教育学』（編著，2014 年，ナカニシヤ出版），『習熟度別指導・小中一貫教育の理念と実践』（2006 年，ナカニシヤ出版）など。

山本智也（やまもと・ともや）
大阪成蹊大学教育学部教授。2003 年武庫川女子大学大学院臨床教育学研究科臨床教育学専攻博士後期課程修了。主著に『非行臨床から家庭教育支援へ──ラボラトリー・メソッドを活用した方法論的研究』（2005 年，ナカニシヤ出版），『「家庭団欒」の教育学』（分担執筆，2016 年，福村出版），『人間関係の心理と支援──グループ・アプローチのすすめ』（分担執筆，2011 年，新曜社）など。

現代社会と教育の構造変容

2018 年 4 月 10 日　初版第 1 刷発行
2023 年 5 月 27 日　初版第 4 刷発行

（定価はカヴァーに表示してあります）

編　者　西川信廣
　　　　山本智也
発行者　中西　良
発行所　株式会社ナカニシヤ出版
〒606-8161　京都市左京区一乗寺木ノ本町 15 番地
　　　　　　Telephone　075-723-0111
　　　　　　Facsimile　075-723-0095
　　Website　http://www.nakanishiya.co.jp/
　　E-mail　iihon-ippai@nakanishiya.co.jp
　　　　　　郵便振替　01030-0-13128

装幀＝白沢　正／印刷・製本＝亜細亜印刷株式会社
Copyright©2018 by N. Nishikawa & T. Yamamoto
Printed in Japan.
ISBN978-4-7795-1265-0
◎本書のコピー，スキャン，デジタル化等の無断複製は著作権法上での例外を除き禁じられています。本書を代行業者等の第三者に依頼してスキャンやデジタル化することはたとえ個人や家庭内の利用であっても著作権法上認められておりません。